Les meilleurs citations

Défauts
et
qualités

LES ÉDITIONS

POP

Dépôts Légaux:
Bibliothèque nationale du Québec
Bibliothèque nationale du Canada
Imprimé au Canada
1er trimeste 2010

Recherche: Rudel Médias
Coordonnatrice de la production: Esther Tremblay
Infographie: Jacques Lacoursière
Infographie de la couverture: Caroline Boivin

ISBN: 978-2-89638-659-8

Table des matières

Défauts et qualités

Je n'ai pas encore vu un homme qui ait pu apercevoir ses défauts et qui s'en soit blâmé intérieurement.

CONFUCIUS

Enfants, vous étiez sans défauts. Que s'est-il donc passé au cours de votre adolescence?

ANDRÉ LÉVY

Le sage a honte de ses défauts, mais n'a pas honte de s'en corriger.

CONFUCIUS

Nous nous connaissons mieux qu'il n'y paraît, et nous nous gardons de reprocher à autrui les défauts que nous sommes sûrs d'avoir.

JULES RENARD

Nous plaisons plus souvent dans le commerce de la vie par nos défauts que par nos qualités.

LA ROCHEFOUCAULD

Nous vivons avec nos défauts comme avec les odeurs que nous portons : nous ne les sentons plus ; elles n'incommodent que les autres.

MARQUISE DE LAMBERT

∝

J'aurais du mal à parler de mes qualités, mais je connais les défauts que je n'ai pas.

TONINO BENACQUISTA

∝

Si tu supportes les défauts de ton ami, tu les fais tiens.

PUBLIUS SYRUS

∝

Restons chez nous : nous y sommes passables. Ne sortons pas : nos défauts nous attendent à la porte comme des mouches.

JULES RENARD

∝

La fortune nous corrige de plusieurs défauts que la raison ne saurait corriger.

LA ROCHEFOUCAULD

Si les femmes n'avaient pas quelques jolis défauts, nous ne saurions ni par où les prendre ni comment les quitter.

PJ. STAHL

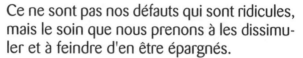

Ce ne sont pas nos défauts qui sont ridicules, mais le soin que nous prenons à les dissimuler et à feindre d'en être épargnés.

GIACOMO LEOPARDI

Il y a des défauts qui font merveille. Si par exemple vous êtes impertinent, on vous subira ; orgueilleux, on vous estimera ; méchant, on vous craindra ; irascible, on vous cédera ; artificieux, on vous aidera ; menteur, on vous croira.

MAURICE JOLY

Il en est des défauts, comme des phares d'automobiles. Seuls ceux des autres nous aveuglent.

MAURICE DRUON

On n'aime pas les défauts de ses amis, mais on y tient.

JULES RENARD

Ce n'est parce que personne ne se plaint que tous les parachutes sont sans défauts.

BENNY HILL

Il y a des gens qui aiment mieux rester dans leurs défauts que de se donner la peine de les corriger.

CHEVALIER DE MÉRÉ

On peut connaître la vertu d'un homme en observant ses défauts.

CONFUCIUS

Sous prétexte que la perfection n'est pas de ce monde, ne gardez pas soigneusement tous vos défauts.

JULES RENARD

Il faut toujours épargner les défauts d'autrui, jamais les siens.

CHEVALIER DE MÉRÉ

Pour mieux voir les défauts des autres, on prend une loupe ; pour les siens, on se bande les yeux.

PAUL CHRÉTIEN-AUDRUGER

On déteste ce qui nous est semblable, et nos propres défauts vus du dehors nous exaspèrent.

MARCEL PROUST

Pour bien s'entendre, il faut avoir les mêmes défauts et des qualités différentes.

MASSA MAKAN DIABATÉ

Qui a de la vertu protège et maintient la vertu de même que le diamant polit le diamant, et celui-là protège la vertu qui la loue et qui cache les défauts.

PROVERBE ORIENTAL

Il y a de certains défauts qui, bien mis en œuvre, brillent plus que la vertu même.

LA ROCHEFOUCAULD

Celui-là n'aime pas véritablement qui n'aime pas jusqu'aux défauts de l'être aimé.

CALDERÓN

Personne ne nous montre nos défauts comme un disciple.

JULES RENARD

Heureux celui qui corrige ses défauts sur les défauts des autres.

PROVERBE ORIENTAL

Rabattons notre suffisance, critiquons sans relâche nos propres défauts, tout comme, chaque jour, nous nous lavons la figure pour rester propres et balayons pour enlever la poussière.

MAO TSÉ-TOUNG

Celui qui n'a que des vertus n'est guère meilleur que celui qui n'a que des défauts.

PROVERBE SCANDINAVE

Le temps, qui seul fait la réputation des hommes, rend à la fin leurs défauts respectables.

VOLTAIRE

Le seul homme digne d'être aimé est celui qui ressemble à tous les hommes, qui a la parole, les traits de tous les hommes, qu'on ne distingue des autres que par des défauts ou des maladresses en plus...

JEAN GIRAUDOUX

Est-ce que vous vous êtes aperçu à quel point il est rare qu'un amour échoue sur les qualités ou les défauts réels de la personne aimée ?

JACQUES LACAN

La jeunesse est un défaut... Mais le défaut de l'âge, c'est de voir les défauts de la jeunesse.

THOMAS BERNHARD

Si l'on vient te dire que quelqu'un a mal parlé de toi, réponds : « Il faut qu'il ignore tous mes autres défauts, pour ne parler que de ceux qui lui sont connus. »

ÉPICTÈTE

Les gens préfèrent s'accuser des pires défauts plutôt que de s'abstenir de leur présence.

DOMINIQUE BLONDEAU

Il faut qu'en premier lieu tu observes tes propres défauts et les qualités d'autrui plutôt que le contraire.

LÉVI YITZHAK DE BERDITCHEV

Celui qui a les yeux ouverts sur ses propres défauts verra son âme acquérir une force nouvelle.

PROVERBE ARABE

S'embrasser est le moyen de rendre deux personnes si proches qu'elles ne puissent pas distinguer leurs défauts respectifs.

GENE YASENAK

Ce n'est qu'avec les yeux des autres que l'on peut bien voir ses défauts.

PROVERBE CHINOIS

Ne lui demandez pas de se connaître, vous savez bien qu'une femme ne voit jamais les défauts de ceux qu'elle aime.

MADAME DE SÉVIGNÉ

Avec tes défauts pas de hâte, ne va pas à la légère les corriger. Qu'irais-tu mettre à la place ?

HENRI MICHAUX

On est prompt à connaître ses plus petits avantages et lent à pénétrer ses défauts.

JEAN DE LA BRUYÈRE

Un homme sans défauts a au moins une qualité : celle d'être bien défini.

MAXIME GORKI

On a toujours les défauts de ses qualités, rarement les qualités de ses défauts.

HERBERT GEORGE WELLS

Nos défauts révèlent souvent nos qualités et celles-ci les humanisent en leur conférant une certaine noblesse.

VASCO VAROUJEAN

Aime celui qui te dit tes défauts dans le privé.

PROVERBE HÉBREU

❧

Un homme sans défauts est une montagne sans crevasses. Il ne m'intéresse pas.

RENÉ CHAR

❧

Celui qui est passionnément amoureux devient inévitablement aveugle aux défauts de l'objet aimé, bien qu'en général il recouvre la vue huit jours après le mariage.

EMMANUEL KANT

❧

Le pire des défauts est de les ignorer.

PUBLIUS SYRUS

❧

On voit les qualités de loin et les défauts de près.

VICTOR HUGO

Les défauts ont des sexes. Et ça nous est plus difficile de les supporter quand la nature ne les a pas distribués au gré de notre conformisme.

CLAIRE MARTIN

Plus une femme aime son mari, plus elle le corrige de ses défauts ; plus un mari aime sa femme, plus il risque d'augmenter ses défauts.

ANDRÉ CHÉNIER

Il y a des personnes à qui les défauts siéent bien, et d'autres qui sont disgraciées avec leurs bonnes qualités.

LA ROCHEFOUCAULD

Il est bien rare qu'on se corrige en voyant les défauts des autres. On se croit sans défauts ou, pour mieux dire, on se reconnaît ceux qu'on ne possède pas et l'on nie ceux qu'on a.

HIPPOLYTE LUCAS

Prends ton parti de mes défauts, je m'arran-
gerai de tes qualités.

HENRI DUVERNOIS

L'envie de parler de nous, et de faire voir
nos défauts du côté que nous voulons bien
les montrer, fait une grande partie de notre
sincérité.

LA ROCHEFOUCAULD

Il ne faut pas attribuer à la vieillesse tous les
défauts des vieillards.

ALPHONSE KARR

Nul homme n'est sans défauts : le meilleur
est celui qui en a le moins.

HORACE

Les défauts sont épais là où l'amour est
mince.

PROVERBE RUSSE

Apprends à être patient avec les défauts des autres, car tu en as aussi beaucoup que les autres doivent supporter.

THOMAS VON KEMPEN

Un diamant avec quelques défauts est préférable à une simple pierre qui n'en a pas.

PROVERBE INDIEN

Ne pas employer ses défauts ne signifie pas qu'on ne les a pas.

ANTONIO PORCHIA

Nos défauts sont les yeux par lesquels nous voyons l'idéal.

FRIEDRICH NIETZSCHE

Pour réussir les gens abusent aussi bien de leurs qualités que de leurs défauts.

CHARLES REGISMANSET

On appelle défauts ce qui, chez les gens, nous déplaît, et qualités ce qui nous flatte.

PIERRE REVERDY

On porte ses défauts comme on porte son corps, sans les sentir.

ARTHUR SCHOPENHAUER

Souvent deux amants s'éprennent l'un de l'autre pour des qualités qu'ils n'ont pas, et se quittent pour des défauts qu'ils n'ont pas davantage.

MARIE D'AGOULT

On doit mieux aimer ses amis pour leurs défauts que pour leurs qualités.

PHILIPPE SOUPAULT

Nos défauts sont parfois les meilleurs adversaires que nous opposions à nos vices.

MARGUERITE YOURCENAR

L'on ne peut aller loin dans l'amitié, si l'on n'est pas disposé à se pardonner les uns les autres les petits défauts.

JEAN DE LA BRUYÈRE

Nous pardonnons aisément à nos amis les défauts qui ne nous regardent pas.

LA ROCHEFOUCAULD

En vieillissant on perd pas mal de ses défauts, ils ne nous servent plus à rien.

PAUL CLAUDEL

Une attitude saine comprend aussi des défauts.

ALBERT CAMUS

Les défauts de nos morts se fanent, leurs qualités fleurissent, leurs vertus éclatent dans le jardin de notre souvenir.

JULES RENARD

Le prince habile dans l'art de gouverner les hommes se sert de leurs défauts pour réprimer leurs vices.

DUC DE LÉVIS

Rien n'est plus désagréable que de découvrir en soi les défauts que nous reprochons à autrui.

HERVÉ BAZIN

Fuyez un ennemi qui sait votre défaut.

PIERRE CORNEILLE

Les optimistes et les pessimistes ont un grand défaut qui leur est commun : ils ont peur de la vérité.

TRISTAN BERNARD

Un défaut qui empêche les hommes d'agir, c'est de ne pas sentir de quoi ils sont capables.

BOSSUET

Pour agir, il faut une forte dose de défauts.
Un homme sans défauts n'est bon à rien.

JACQUES CHARDONNE

La femme fait oublier ses défauts et peut aller partout la tête haute, si elle est honnête de corps.

PROVERBE FRANÇAIS

Dépasser les limites n'est pas un moindre défaut que de rester en deçà.

CONFUCIUS

On acquiert rarement les qualités dont on peut se passer.

PIERRE CHODERLOS DE LACLOS

Notre tempérament fait toutes les qualités de notre âme.

VOLTAIRE

Le seul homme digne d'être aimé est celui qui ressemble à tous les hommes, qui a la parole, les traits de tous les hommes, qu'on ne distingue des autres que par des défauts ou des maladresses en plus...

JEAN GIRAUDOUX

On a les qualités qu'on veut avoir.

BERNARD LAZARE

Toute notre critique, c'est de reprocher à autrui de n'avoir que les qualités que nous croyons avoir.

JULES RENARD

Des qualités trop supérieures rendent souvent un homme moins propre à la société. On ne va pas au marché avec des lingots ; on y va avec de l'argent ou de la petite monnaie.

CHAMFORT

L'homme bon ne regarde pas les particula-
rités physiques mais sait discerner ces qualités profondes qui rendent les gens humains, et donc frères.

MARTIN LUTHER KING

On doit avouer ses qualités à voix basse et sa
défaite à haute voix.

SHAFIQUE KESHAVJEE

Le fait est que les qualités, toutes les qualités,
réclament une constante vigilance, un esprit
critique jamais en défaut, un travail continuel
de l'intelligence et du cœur.

FRANCESCO ALBERONI

La naissance, la beauté, la bonne façon, le rai-
sonnement, le courage, l'instruction, la douceur, la jeunesse, la libéralité et autres qualités
semblables, ne sont-elles pas comme les épi-
ces et le sel qui assaisonnent un homme?

SHAKESPEARE

Le premier des dons de la nature est cette force de raison qui vous élève au-dessus de vos propres passions et de vos faiblesses, et qui vous fait gouverner vos qualités même, vos talents et vos vertus.

CHAMFORT

Quand je veux estimer le danger que représente pour moi un adversaire, je soustrais d'abord sa vanité de ses autres qualités.

OTTO VON BISMARCK

Un des grands malheurs de l'homme, c'est que ses bonnes qualités même lui sont quelquefois inutiles, et que l'art de s'en servir et de bien les gouverner n'est souvent qu'un fruit tardif de l'expérience.

CHAMFORT

Les qualités sont du domaine de tout le monde. Les vices seuls marquent la personnalité.

PAUL LÉAUTAUD

Il y a de méchantes qualités qui font de grands talents.

La Rochefoucauld

Un cœur noble est content de ce qu'il trouve en lui,
Et ne s'applaudit point des qualités d'autrui.

Nicolas Boileau

Toutes les religions promettent des récompenses pour les qualités de cœur ou de volonté, mais aucune pour les qualités d'intelligence ou de compréhension.

Arthur Schopenhauer

On se réconcilie avec un ennemi qui nous est inférieur pour les qualités du cœur ou de l'esprit ; on ne pardonne jamais à celui qui nous surpasse par l'âme et le génie.

Chateaubriand

Un héros doit réunir en lui toutes les belles qualités, mais sans en affecter une.

BALTASAR GRACIAN Y MORALES

L'on n'estime guère dans les autres que les qualités que l'on croit posséder soi-même.

FÉLICITÉ DE LAMENNAIS

On ne doit pas juger d'un homme par ses grandes qualités, mais par l'usage qu'il en sait faire.

LA ROCHEFOUCAULD

Nos grandes qualités nous éloignent les uns des autres ; ce sont nos sottises qui nous rapprochent.

JÉRÔME K. JÉRÔME

Composés de mauvaises et de bonnes qualités, les hommes portent toujours dans leur fond les semences du bien et du mal.

VAUVENARGUES

Ce n'est pas assez d'avoir de grandes qualités ; il en faut avoir l'économie.

La Rochefoucauld

La moindre des qualités que doit posséder
un homme d'honneur consiste à garder un
secret. La plus grande consiste à oublier ce
secret.

Al-Muhallab

Les idéaux ont de curieuses qualités, entre
autres celles de se transformer brusquement
en absurdité quand on essaie de s'y confor-
mer strictement.

Robert Musil

Il y a peu de vices qui empêchent un homme
d'avoir beaucoup d'amis autant que peuvent
le faire de trop grandes qualités.

Chamfort

Le mal que nous faisons ne nous attire pas tant de persécution et de haine que nos bonnes qualités.

LA ROCHEFOUCAULD

Le courage est la première des qualités humaines car elle garantit toutes les autres.

ARISTOTE

Les qualités pour gagner sont plus importantes que les parties gagnées.

JOHN KESSEL

Vice
et vertu

On reproche sévèrement à la Vertu ses défauts, tandis qu'on est plein d'indulgence pour les qualités du Vice.

HONORÉ DE BALZAC

Il ne faut pas retourner certaines vertus : leur envers est plus laid que bien des vices.

COMTESSE D'AGOULT

L'oisiveté est mère de tous les vices, mais de toutes les vertus aussi.

ALAIN

J'ai l'orgueil des vices qu'on me prête ; je suis moins fier des vices que j'ai !

JEAN COCTEAU

Il est plus sûr que le vice rend malheureux qu'il ne l'est que la vertu donne le bonheur.

CHAMFORT

Nos vertus ressemblent de bien plus près à nos vices qu'elles ne ressemblent aux vertus d'un autre.

ALAIN

Hélas ! Je n'ai encore vu personne qui aimât la vertu comme on aime la beauté corporelle.

CONFUCIUS

Il n'y a, dans la vertu, nul sujet de craindre aucun excès, parce qu'elle porte en elle-même la juste mesure.

SÉNÈQUE

L'homme naît avec ses vices ; il acquiert ses vertus.

JULES RENARD

On ne doit jamais penser à la distance, quelle qu'elle soit, qui nous sépare de la vertu.

CONFUCIUS

Qui ne se montre point ami des vices devient ennemi des hommes.

L'Arétin

C'est de nos vertus que nous sommes le mieux punis.

Friedrich Nietzsche

Le vice et la vertu sont comme la vie et la mort, ou comme l'esprit et la matière : des choses qui ne sauraient exister sans être définies par leur contraire.

Samuel Butler

La vertu n'irait pas si loin si la vanité ne lui tenait compagnie.

La Rochefoucauld

Celui qui plante la vertu ne doit pas oublier de l'arroser souvent.

Confucius

Combien de vertus apparentes cachent souvent des vices réels! Le sage est sobre par tempérance, le fourbe l'est par fausseté.

JEAN-JACQUES ROUSSEAU

Une seule hirondelle ne fait pas le printemps; un seul acte moral ne fait pas la vertu.

ARISTOTE

Épargnons à la vertu le malheur de voir jamais la raison avoir recours aux vices.

SÉNÈQUE

L'invariabilité dans le milieu est ce qui constitue la vertu.

CONFUCIUS

La vertu est difficile à découvrir; elle demande quelqu'un qui la dirige et la guide. Les vices s'apprennent même sans maître.

SÉNÈQUE

Les premiers actes de vertu sont toujours les plus pénibles.

JEAN-JACQUES ROUSSEAU

Ce sont les petites précautions qui conservent les grandes vertus.

JEAN-JACQUES ROUSSEAU

Si la vanité ne renverse pas entièrement les vertus, du moins elle les ébranle toutes.

LA ROCHEFOUCAULD

Nos vertus resteraient parfois bien incertaines si, à défaut de l'espoir d'une récompense, elles n'avaient la vanité pour soutien.

GUSTAVE LE BON

Une vertu n'est qu'un vice qui s'élève au lieu de s'abaisser ; et une qualité n'est qu'un défaut qui sait se rendre utile.

MAURICE MAETERLINCK

Les vices ne sont que des vertus à mi-chemin.

ALAIN

Quand vous rencontrez un homme vertueux, cherchez à l'égaler. Quand vous rencontrez un homme dénué de vertu, examinez vos propres manquements.

CONFUCIUS

Altruisme et générosité

Le comble de l'altruisme, c'est de laisser les autres s'occuper d'autrui.

GEORGES ELGOZY

L'altruisme ne consiste pas à accomplir quelques bonnes actions de temps à autre, mais à être constamment préoccupé, concerné par le bien-être d'autrui.

JEAN-FRANÇOIS REVEL

Toute générosité se paie, c'est même par là qu'elle vaut.

NATALIE CLIFFORD BARNEY

La générosité n'est que la pitié des âmes nobles.

CHAMFORT

Il n'y a pas d'enthousiasme sans sagesse, ni de sagesse sans générosité.

PAUL ÉLUARD

Ce qui paraît générosité n'est souvent qu'une ambition déguisée qui méprise de petits intérêts, pour aller à de plus grands.

LA ROCHEFOUCAULD

L'altruisme est souvent un alibi.

JEAN ROSTAND

Il y a autant de générosité à recevoir qu'à donner.

JULIEN GREEN

La générosité jouit des félicités d'autrui, comme si elle en était responsable.

LAUTRÉAMONT

La générosité, c'est toujours le sacrifice de soi ; il en est l'essence.

HENRY DE MONTHERLANT

La générosité n'est souvent que l'aspect intérieur que prennent nos sentiments égoïstes quand nous ne les avons pas encore nommés et classés.

Marcel Proust

Les gens ont la rage de nous donner ce dont ils ont eux-mêmes le plus besoin. C'est ce que j'appellerai l'insondable abîme de la générosité.

Oscar Wilde

Celui qui cache sa générosité est doublement généreux.

José Narosky

La générosité est un désir par lequel un individu s'efforce d'assister les autres hommes et d'établir entre eux et lui un lien d'amitié.

Baruch Spinoza

Seul l'altruiste est capable d'aimer autrui et de haïr autrui.

PROVERBE CHINOIS

L'altruiste est un égoïste raisonnable.

RÉMY DE GOURMONT

Ambition

Un homme n'est pas malheureux parce qu'il a de l'ambition, mais parce qu'il en est dévoré.

MONTESQUIEU

L'ambition prend aux petites âmes plus facilement qu'aux grandes, comme le feu prend plus aisément à la paille, aux chaumières qu'aux palais.

CHAMFORT

L'ambition, c'est la richesse des pauvres.

MARCEL PAGNOL

L'esclave n'a qu'un maître ; l'ambitieux en a autant qu'il y a de gens utiles à sa fortune.

JEAN DE LA BRUYÈRE

Il faut être ambitieux, mais il ne faut pas se tromper d'ambition.

JACQUES DE BOURBON-BUSSET

L'ambition est un vice fort odieux, et qui suscite grande envie contre celui qui en est entaché.

JACQUES AMYOT

L'ambition est le fumier de la gloire.

L'ARÉTIN

Quoique l'ambition soit un vice, elle est pourtant la mère et la cause de toutes les vertus.

JACQUES ANCELOT

Sans ambition il n'y a pas de talent.

NINA BERBEROVA

La lucidité sans le correctif de l'ambition conduit au marasme. Il faut que l'une s'appuie sur l'autre, que l'une combatte l'autre sans la vaincre, pour qu'une œuvre, pour qu'une vie soit possible.

ÉMILE MICHEL CIORAN

On peut tuer le général d'une armée mais non l'ambition dans le cœur de l'homme.

CONFUCIUS

Toutes les ambitions sont légitimes, excepté celles qui s'élèvent sur les misères ou les crédulités de l'humanité.

JOSEPH CONRAD

Méfiez-vous de ceux qui tournent le dos à l'amour, à l'ambition, à la société. Ils se vengeront d'y avoir renoncé.

ÉMILE MICHEL CIORAN

L'ambitieux parle contre la paresse, le paresseux contre l'ambition.

SIEUR DE LA RIVIÈRE DUFRESNY

L'ambition individuelle est une passion enfantine.

CHARLES DE GAULLE

L'ambition sans imagination est toujours bancale.

HANIF KUREISHI

La plus grande ambition n'en a pas la moindre apparence lorsqu'elle se rencontre dans une impossibilité absolue d'arriver où elle aspire.

LA ROCHEFOUCAULD

L'ambition détruit son hôte.

LE TALMUD

Il faut craindre que l'ambition ne soit la couverture de l'orgueil, mais que la modestie ne soit qu'un prétexte à la paresse.

HENRI MONNIER

La plus contraire humeur à la retraite, c'est l'ambition. La gloire et le repos sont choses qui ne peuvent loger en même gîte.

MONTAIGNE

L'ambition souvent fait accepter les fonctions les plus basses ; c'est ainsi que l'on grimpe dans la même posture que l'on rampe.

JONATHAN SWIFT

Détournez-vous de ceux qui vous découragent de vos ambitions. C'est l'habitude des mesquins. Ceux qui sont vraiment grands vous font comprendre que vous aussi pouvez le devenir.

MARK TWAIN

L'ambition est à l'homme ce que l'air est à la nature ; ôtez l'un au moral et l'autre au physique, il n'y a plus de mouvement.

NAPOLÉON IER

Sachons donc borner notre ambition : c'est un funeste délire que de soupirer après ce qu'on ne peut atteindre.

PINDARE

L'ambition est un vice qui peut engendrer la vertu.

C'est dans le mépris de l'ambition que doit se trouver l'un des principes essentiels du bonheur sur la terre.

EDGAR ALLAN POE

Avarice

Quand l'avarice se propose un but, elle cesse d'être un vice, elle est le moyen d'une vertu.

HONORÉ DE BALZAC

L'argent est un remède à tout mal, hormis à l'avarice.

PROVERBE FRANÇAIS

La prodigalité conduit à l'arrogance, et la parcimonie à l'avarice. L'arrogance est pire que l'avarice.

CONFUCIUS

L'avarice est la mère de tous les maux.

PROVERBE FRANÇAIS

L'avarice est le pire défaut qui existe ; si on compte ses sous, on compte aussi ses sentiments.

MICHEL AUDIARD

Prenez garde que l'avarice gagne peu et qu'elle se déshonore beaucoup.

NICOLAS BOILEAU

La peur est l'âme de l'avarice ; les provisions et trésors sont des précautions, l'ordre est un moyen d'en faire revue ; et la crainte du prodigue y est peut-être plus naturelle que la crainte des voleurs.

ALAIN

L'avarice est le châtiment des riches.

PROVERBE ORIENTAL

L'avarice est le châtiment des riches.

Souvent les gens perdent leur fortune par ambition et se ruinent par avarice.

MONTESQUIEU

L'avarice est un calcul dont on retrouve la racine à l'origine de maintes vertus.

MARCEL JOUHANDEAU

L'avarice commence où la pauvreté cesse.

HONORÉ DE BALZAC

L'avarice est comme le feu, plus on y met de bois, plus il brûle.

PROVERBE FRANÇAIS

Pour être avare, il ne faut que la paresse, l'inaction. C'est pour cela que l'avarice est contagieuse.

JOSEPH JOUBERT

Il ne faut ni vigueur, ni jeunesse, ni santé pour être avare.

JEAN DE LA BRUYÈRE

Mon père était tellement avare qu'il me forçait à marcher à grands pas pour que je n'use pas trop mes chaussures.

PIERRE DORIS

Personne n'est plus seul que l'avare.

HAZRAT ALI

❀

Le fils de l'avare est prodigue ; le fils du prodigue, avare.

GIOVANNI CASANOVA

❀

Un riche avare est plus pauvre qu'un gueux.

PROVERBE RUSSE

❀

Le prodigue est un futur mendiant, l'avare est un éternel mendiant.

PROVERBE POLONAIS

❀

L'avarice perd tout en voulant tout gagner.

JEAN DE LA FONTAINE

❀

L'avare crierait famine sur un tas de blé.

PROVERBE FRANÇAIS

L'avare est le pauvre par excellence : c'est l'homme le plus sûr de n'être pas aimé pour lui-même.

RIVAROL

À l'indigent manque beaucoup ;
Mais à l'avare manque tout.

PUBLIUS SYRUS

L'avare, comme le chien de la cuisine, tourne la broche pour autrui.

PROVERBE FRANÇAIS

N'est-ce pas une chose admirable que le vin, qui fait un homme libéral d'un avare ?

PROVERBE ORIENTAL

L'avare est un cheval chargé de vin et qui boit de l'eau en chemin.

PROVERBE ALLEMAND

L'avare se vole lui-même ; le prodigue vole ses héritiers.

THOMAS FULLER

Un avare qui garde son argent ressemble à un homme qui a du pain devant lui et qui ne mange pas.

PROVERBE ORIENTAL

L'illusion des avares est de prendre l'or et l'argent pour des biens, au lieu que ce ne soit que des moyens pour en avoir.

ABBÉ D'AILLY

Ne faites donc pas comme l'avare, qui perd beaucoup pour ne vouloir rien perdre.

MONTAIGNE

Il y a de l'humilité dans l'avare ; et le secret de cette humilité, c'est le refus d'humiliation.

ALAIN

Plaignons les riches. S'ils gardent leur argent, ils passent pour des avares. S'ils le dépensent pour leur seul plaisir : des égoïstes. S'ils le donnent aux pauvres : des imbéciles.

ANDRÉ PRÉVOT

L'avare se suicide avec un revolver acheté au marché aux Puces.

MAX JACOB

À père avare, enfant prodigue. À femme avare, galant escroc.

PROVERBE FRANÇAIS

L'avare ne fait de bien que quand il meurt.

PUBLIUS SYRUS

Les avares font leur testament de mauvaise grâce. Ils n'aiment pas donner, même ce qu'ils ne posséderont plus.

ANDRÉ BIRABEAU

Le commerçant qui ne fait pas de réclame ressemble à un homme qui aurait acheté une lanterne, mais serait trop avare pour payer la chandelle.

DIOGÈNE

L'avare et le cochon ne sont bons qu'après leur mort.

PROVERBE FRANÇAIS

Quel mal souhaiter à un avare, si ce n'est de vivre longtemps?

PUBLIUS SYRUS

Richesse et avarice sont les racines du mal.

HAZRAT ALI

On voit des avares devenir prodigues, mais on ne voit pas des prodigues devenir avares.

PROVERBE CHINOIS

Le poltron se dit prudent et l'avare, économe.

PUBLIUS SYRUS

❦

Les avares amassent comme s'ils devaient vivre toujours ; les prodigues dissipent comme s'ils allaient mourir.

ARISTOTE

❦

L'avare ne possède pas son or, c'est son or qui le possède.

BION DE BORISTHÈNE

❦

Il faut savoir le prix de l'argent : les prodigues ne le savent pas, et les avares encore moins.

MONTESQUIEU

❦

Les hommes ne haïssent l'avare que parce qu'il n'y a rien à gagner avec lui.

VOLTAIRE

Le bien perdu rend l'homme avare.

ALFRED DE MUSSET

❧

Un avare est un type qui vit sans dépasser ses revenus. On l'appelle aussi un magicien.

ALLISTON HERALD

❧

Le prodigue et l'avare aboutissent aux mêmes haillons.

VICTOR HUGO

❧

Il faut quatre hommes pour faire une salade : un prodigue pour l'huile, un avare pour le vinaigre, un sage pour le sel et un fou pour le poivre.

FRANÇOIS COPPÉE

❧

Le plus riche des hommes, c'est l'économe, le plus pauvre, c'est l'avare.

CHAMFORT

Un avare est un imbécile qui se laisse mourir de faim pour garder de quoi vivre.

CHARLES NARREY

Les vieilles gens sont volontiers avares. Ils appellent cela prudence. Ils craignent que la terre leur manque. Et pourtant c'est la seule chose qui ne leur manquera pas.

VICTOR HUGO

Les avares subissent le sort des abeilles : ils travaillent comme s'ils devaient vivre éternellement.

DÉMOCRITE

Bonté

Le jour où nous consentons à un peu de bonté est un jour que la mort ne pourra plus arracher au calendrier.

CHRISTIAN BOBIN

Je crois que le but de toutes les grandes traditions religieuses n'est pas de construire de grands temples à l'extérieur, mais de créer des temples de bonté et de compassion à l'intérieur, dans nos cœurs.

DALAÏ-LAMA

La bonté est un amour gratuit.

HENRI LACORDAIRE

Trois idéaux ont éclairé ma route et m'ont souvent redonné le courage d'affronter la vie avec optimisme : la bonté, la beauté et la vérité.

ALBERT EINSTEIN

Je ne connais pas d'autres marques de supériorité que la bonté.

LUDWIG VAN BEETHOVEN

Ce qu'on aime dans la bonté, ce n'est pas le prix qu'elle coûte, c'est le bien qu'elle fait.

ANATOLE FRANCE

Ce n'est ni l'amitié ni la bonté qui nous manquent, mais nous qui manquons à l'amitié et à la bonté.

MARCEL JOUHANDEAU

Dans les rapports humains, la bonté et les mensonges valent mieux que mille vérités.

GRAHAM GREENE

Le centre de toute bonté et de toute joie est l'amour.

HERMANN HESSE

La bonté sans doute nous rend meilleurs que la morale.

JOSEPH JOUBERT

La bonté, cela existe, et la preuve est qu'on en rit.

COMTE DE BOURBON-BUSSET

Il y a des semences de bonté et de justice dans le cœur de l'homme, si l'intérêt propre y domine.

VAUVENARGUES

Il faut se rendre respectable par sa vertu et par sa suffisance, et aimable par sa bonté et la douceur de ses mœurs.

MONTAIGNE

Il y a des méchants qui seraient moins dangereux s'ils n'avaient aucune bonté.

LA ROCHEFOUCAULD

L'intelligence sans bonté est une arme bien dangereuse.

FRANÇOISE SAGAN

Il y a souvent plus d'orgueil que de bonté à plaindre les malheurs de nos ennemis ; c'est pour leur faire sentir que nous sommes au-dessus d'eux que nous leur donnons des marques de compassion.

LA ROCHEFOUCAULD

Il n'est nulle grandeur là où manquent sim-plicité, bonté et vérité.

LÉON TOLSTOÏ

Sous sa carapace de lâcheté, l'homme aspire à la bonté et veut être aimé. S'il prend le chemin du vice, c'est qu'il a cru prendre un raccourci qui le mènerait à l'amour.

JOHN STEINBECK

Les âmes excessivement bonnes sont volontiers imprudentes par excès de bonté même, et d'un autre côté, les âmes prudentes sont assez rarement bonnes.

MARIVAUX

Nul ne mérite d'être loué de bonté s'il n'a pas la force d'être méchant. Toute autre bonté n'est le plus souvent qu'une paresse ou une impuissance de la volonté.

LA ROCHEFOUCAULD

Un homme qui n'a jamais souffert peut vivre et mourir sans se douter des travers ou de la bonté du cœur humain.

THOMAS DE QUINCEY

Ce n'est ni le génie ni la gloire ni l'amour qui mesurent l'élévation de l'âme humaine, c'est la bonté.

HENRI LACORDAIRE

Le sommeil de toute grandeur s'appelle : bonté.

MICHEL-ANGE

⁂

Au lit, la bonté prime la beauté.

MONTAIGNE

⁂

Rien n'est plus rare que la véritable bonté ; ceux mêmes qui croient en avoir n'ont d'ordinaire que de la complaisance ou de la faiblesse.

LA ROCHEFOUCAULD

⁂

La bonté est la meilleure source de clairvoyance spirituelle.

MIGUEL DE UNAMUNO

Charité

Faire la charité, c'est bien. La faire faire par les autres, c'est mieux. On oblige ainsi son prochain, sans se gêner soi-même.

ALPHONSE ALLAIS

Ce qui demeure le plus difficile à pardonner, c'est la charité qu'on a reçue.

JOSÉ ARTUR

Celui qui demande la charité travaille plus pour son prochain que pour lui-même.

MARCEL AYMÉ

Je me suis demandé souvent quelle pouvait être la différence entre la charité de tant de chrétiens et la méchanceté des démons.

LÉON BLOY

Ce qu'il y a de difficile dans la charité, c'est qu'il faut continuer.

HENRY DE MONTHERLANT

Il y a beaucoup à dire contre la charité. Le reproche le plus grave qu'on puisse lui faire, c'est de n'être pas pratiquée.

GEORGES CLÉMENCEAU

Ce qu'il y a de plus horrible au monde, c'est la justice séparée de la charité.

FRANÇOIS MAURIAC

Charité bien ordonnée commence par soi-même.

PROVERBE FRANÇAIS

La mauvaise charité, c'est celle qui offre plutôt un verre de vin qu'une bouchée de pain.

JULES RENARD

La feinte charité du riche n'est en lui qu'un luxe de plus ; il nourrit les pauvres comme des chiens et des chevaux.

JEAN-JACQUES ROUSSEAU

L'espoir dans l'action est la charité, de même que la beauté en action est le bien.

MIGUEL DE UNAMUNO

L'abnégation, la charité résultent le plus souvent d'un défaut de vie personnelle.

LÉON BLUM

Les contraires se connaissent l'un par l'autre : l'injustice de l'amour-propre se connaît par la justice de la charité.

BOSSUET

Tous les corps ensemble, et tous les esprits ensemble, et toutes leurs productions, ne valent pas le moindre mouvement de charité.

BLAISE PASCAL

La patience est la mœlle de la charité.

SAINTE CATHERINE DE SIENNE

C'est de la foi qu'il faut partir pour pratiquer la charité.

JEAN-PAUL II

Si je n'ai pas la charité, je ne suis rien.

SAINT PAUL

La charité a toujours soulagé la conscience des riches, bien avant de soulager l'estomac du pauvre.

ALFRED SAUVY

Colère

L'humour est presque toujours de la colère maquillée.

STEPHEN KING

Qui apaise la colère éteint un feu ; qui attise la colère sera le premier à périr dans les flammes.

HAZRAT ALI

Qui se met en colère lentement le restera longtemps.

PROVERBE MAGYAR

Un homme en colère est un homme qui n'a pas su dire non et éprouve, en plus, le remords de ne pas l'avoir fait.

TAHAR BEN JELLOUN

Une des plus belles victoires qu'un homme peut remporter sur lui-même, c'est contre la colère qui l'habite.

JOSEPH RUDEL-TESSIER

Agir dans la colère, c'est s'embarquer dans la tempête.

PROVERBE ALLEMAND

La colère est nécessaire ; on ne triomphe de rien sans elle, si elle ne remplit l'âme, si elle n'échauffe le cœur ; elle doit donc nous servir, non comme chef, mais comme soldat.

ARISTOTE

On n'est pas homme tant qu'on se laisse dominer par la colère.

PROVERBE ORIENTAL

Si vous êtes patient un jour de colère, vous échapperez à cent jours de chagrin.

PROVERBE CHINOIS

Jamais le sage ne se met en colère.

CICÉRON

La colère se passe en disant l'alphabet.

PROVERBE FRANÇAIS

La colère vide l'âme de toutes ses ressources, de sorte qu'au fond paraît la lumière.

FRIEDRICH NIETZSCHE

La raison veut décider de ce qui est juste ; la colère veut qu'on trouve juste ce qu'elle a décidé.

SÉNÈQUE

Colère et intolérance sont les ennemies d'une bonne compréhension.

GANDHI

Quand le sage est en colère, il cesse d'être sage.

LE TALMUD

Si tu veux vaincre la colère, elle ne peut te vaincre. Tu commences à vaincre si tu la fais taire.

SÉNÈQUE

La haine, c'est la colère des faibles.

ALPHONSE DAUDET

La colère donne de l'esprit aux hommes ternes, mais les laisse à leur pauvreté.

ÉLISABETH 1ᴱᴿᴱ

La colère n'a pas de force; c'est un colosse dont les genoux chancellent et qui se blesse lui-même encore plus que les autres.

GUSTAVE FLAUBERT

L'envie et la colère abrègent les jours.

LA BIBLE

Les conséquences de la colère sont beaucoup plus graves que les causes.

MARC AURÈLE

Rester en colère, c'est comme saisir un char-
bon ardent avec l'intention de le jeter sur
quelqu'un ; c'est vous qui vous brûlez.

BOUDDHA

Dans la colère, rien ne convient mieux que le
silence.

SAPHO

Trop souvent la colère est favorable à ce qui
l'enflamme.

LOUIS SCUTENAIRE

La colère est une courte folie.

HORACE

Le rire et la colère, c'est pareil. La seule différence réside dans le traitement du sujet.

JEAN YANNE

∽∝

Tu perds ta colère si personne n'en prend souci.

BOUDDHA

Compassion

Éprouver de la compassion, même pour ses ennemis, est signe de grandeur d'âme et de perfection spirituelle.

OSTAD ELAHI

Il avait des trésors de compassion : après avoir assisté à une catastrophe minière épouvantable, il fut incapable d'achever une deuxième portion de gaufre.

WOODY ALLEN

Qui aurait besoin de pitié, sinon ceux qui n'ont compassion de personne !

ALBERT CAMUS

Lacompassion n'engage à rien, d'où sa fréquence. Nul n'est jamais mort ici-bas de la souffrance d'autrui. Quant à celui qui a prétendu mourir pour nous, il n'est pas mort : il a été mis à mort.

ÉMILE MICHEL CIORAN

Je crois que le but de toutes les grandes traditions religieuses n'est pas de construire de grands temples à l'extérieur, mais de créer des temples de bonté et de compassion à l'intérieur, dans nos cœurs.

DALAÏ-LAMA

On est meilleur quand on se sent pleurer. On se trouve si bon après la compassion !

BEAUMARCHAIS

La véritable maturité va toujours de pair avec une profonde compassion pour le monde, pour les gens.

LAWRENCE DURRELL

Celui qui, par quelque alchimie, sait extraire de son cœur, pour les refondre ensemble, compassion, respect, besoin, patience, regret, surprise et pardon crée cet atome qu'on appelle l'amour.

KHALIL GIBRAN

Une grande âme est au-dessus de l'injure, de l'injustice, de la douleur, de la moquerie; et elle serait invulnérable si elle ne souffrait par la compassion.

J<small>EAN DE</small> L<small>A</small> B<small>RUYÈRE</small>

Il y a souvent plus d'orgueil que de bonté à plaindre les malheurs de nos ennemis; c'est pour leur faire sentir que nous sommes au-dessus d'eux que nous leur donnons des marques de compassion.

L<small>A</small> R<small>OCHEFOUCAULD</small>

Coquetterie

La coquetterie est un vice qui ne se laisse jamais apaiser.

GABRIEL GARCIA MARQUEZ

La coquetterie ne va bien qu'à la femme heureuse.

HONORÉ DE BALZAC

La coquetterie est une arme à deux tranchants. Elle blesse celle qui, en la maniant, se permet un faux mouvement.

ANDRÉ MAUROIS

La coquetterie est un défaut nécessaire.

MADELEINE FERRON

C'est une espèce de coquetterie de faire remarquer qu'on n'en fait jamais.

LA ROCHEFOUCAULD

Courage

Il est rare que nous ayons le courage de nos opinions ; nous en avons plus facilement l'effronterie.

ALBERT BRIE

Il n'y a rien au monde que nous sentions aussi précisément et délicatement que le courage et son contraire ; et peut-être, en toutes les nuances du sentiment, ne sentons-nous jamais que cela.

ALAIN

C'est bien plus souvent dans les petites choses que dans les grandes que l'on connaît les gens courageux.

BALDASSARE CASTIGLIONE

Le vrai courage est celui qui combat les ridicules et les vices, ménage les personnes et obéit aux lois.

JEAN LE ROND D'ALEMBERT

Le courage est le juste milieu entre la peur et l'audace.

ARISTOTE

Il n'y a de bonheur possible pour personne sans le soutien du courage.

ALAIN

Le courage n'est pas l'absence de peur, c'est plutôt la capacité d'agir face à la peur.

NANCY ANDERSON

Avant le jour de sa mort, personne ne sait exactement son courage...

JEAN ANOUILH

Le grand courage, c'est encore de tenir les yeux ouverts sur la lumière comme sur la mort.

ALBERT CAMUS

Qu'il est difficile d'être courageux sans se faire méchant!

ALAIN

Le courage n'est pas de peindre cette vie comme un enfer puisqu'elle en est si souvent un : c'est de la voir telle et de maintenir malgré tout l'espoir du paradis.

CHRISTIAN BOBIN

Il faut du courage pour avoir du talent.

GEORG BRANDES

La liberté n'existe que là où l'intelligence et le courage parviennent à mordre sur la fatalité.

ROGER CAILLOIS

Le principe du vrai courage, c'est le doute. L'idée de secouer une pensée à laquelle on se fiait est une idée brave.

ALAIN

Il faut que le disciple de la sagesse ait le cœur grand et courageux. Le fardeau est lourd et le voyage est long.

CONFUCIUS

Le but d'un chef doit être moins de montrer du courage que d'en inspirer.

PAUL-LOUIS COURIER

Le courage consiste à avoir peur mais à continuer tout de même.

DAVY CROCKETT

Il vaut mieux un peureux qui assume sa peur qu'un courageux qui gaspille son courage.

FRÉDÉRIC DARD

Il y a toujours du courage à dire ce que tout le monde pense.

GEORGES DUHAMEL

Rien ne communique plus de courage au peureux que la peur d'autrui.

UMBERTO ECO

Le courage est la peur qui fait ses prières.

PAULO COELHO

Crédulité
et incrédulité

Crédulité : plus difficile à dissuader qu'à persuader, et plus facile à tromper qu'à détromper.

JOSEPH JOUBERT

L'incrédulité est quelquefois le vice d'un sot, et la crédulité le défaut d'un homme d'esprit.

DIDEROT

Lorsque l'incrédulité devient une foi, elle est plus bête qu'une religion.

LES FRÈRES GONCOURT

La crédulité est la faiblesse de l'homme, mais la force de l'enfant.

CHARLES LAMB

C'est un terrible luxe que l'incrédulité.

RIVAROL

Il est vrai qu'il n'y a pas de sentiment moins aristocratique que l'incrédulité.

TALLEYRAND

La crédulité est un signe d'extraction : elle est peuple par essence. Le sceptique, l'esprit critique, est l'aristocratie de l'intelligence.

LES FRÈRES GONCOURT

Mon incrédulité est à ce point invétérée que si quelqu'un me confie ce qu'il aime ou ce qu'il n'aime pas, je ne prends pas du tout cela au sérieux ou, plus exactement, je ne vois là qu'un simple témoignage de l'image qu'il veut donner de lui-même.

MILAN KUNDERA

Nos prêtres ne sont point ce qu'un vain peuple pense. Notre crédulité fait toute leur science.

VOLTAIRE

Au moment où la foi sort du cœur, la crédulité entre dans l'esprit.

FÉLICITÉ ROBERT DE LAMENNAIS

∞

L'incrédulité est plus forte que les miracles.

JACQUES RIGAUT

∞

Le mensonge et la crédulité s'accouplent et
engendrent l'Opinion.

PAUL VALÉRY

∞

L'incrédulité a ses enthousiastes, ainsi que la
superstition.

VAUVENARGUES

Curiosité

Il y a diverses sortes de curiosité : l'une d'intérêt, qui nous porte à désirer d'apprendre ce qui nous peut être utile, et l'autre d'orgueil, qui vient du désir de savoir ce que les autres ignorent.

LA ROCHEFOUCAULD

La gloire et la curiosité sont les deux fléaux de notre âme. Celle-ci nous conduit à mettre le nez partout, et celle-là nous défend de rien laisser irrésolu et indécis.

MONTAIGNE

Sans curiosité on meurt et sans courage on ne vit pas.

HUGO PRATT

Imprudence, babil, et sotte vanité,
Et vaine curiosité,
Ont ensemble étroit parentage.
Ce sont enfants tous d'un lignage.

JEAN DE LA FONTAINE

Curiosité n'est que vanité. Le plus souvent, on ne veut savoir que pour en parler.

BLAISE PASCAL

L'homme veut voir. La curiosité dynamise l'esprit humain.

GASTON BACHELARD

La curiosité souvent dans quelques âmes
Produit le même effet que produiraient des flammes.

PIERRE CORNEILLE

La curiosité, pas moins que la dévotion, fait les pélerins.

ABRAHAM COWLEY

La curiosité est un instinct qui mène à tout : parfois à écouter aux portes, parfois à découvrir l'Amérique.

JOSÉ MARIA EÇA DE QUEIROS

Il y a toujours un moment où la curiosité devient un péché, et le diable s'est toujours mis du côté des savants.

ANATOLE FRANCE

Qu'est-ce que la vieillesse ? C'est d'abord perdre la curiosité.

FRANÇOIS MITERRAND

La curiosité n'est pas un goût pour ce qui est bon ou ce qui est beau, mais pour ce qui est rare, unique, que les autres n'ont point ; ce n'est pas un amusement, mais une passion.

LA ROCHEFOUCAULD

Curiosité : Vilain défaut de l'esprit féminin. L'envie de savoir si oui ou non une femme se consume de curiosité est l'une des passions les plus actives et les plus insatiables de l'âme masculine.

AMBROSE BIERCE

La curiosité, malgré tous ses attraits,
Coûte souvent bien des regrets.

CHARLES PERRAULT

La faiblesse humaine est d'avoir
Des curiosités d'apprendre
Ce qu'on ne voudrait pas savoir.

MOLIÈRE

Égoïsme

Toutes les tendances égoïstes qu'on trouve chez les hommes, le culte de soi et le mépris des autres, prennent leur source dans l'organisation actuelle des relations entre les hommes et les femmes.

JOHN STUART MILL

C'est lorsque nous avons l'impression de donner le plus que nous sommes le plus égoïstes.

MICHEL CONTE

Un véritable égoïste accepte même que les autres soient heureux, s'ils le sont à cause de lui.

JULES RENARD

Le cœur de l'égoïste est semblable à un panier percé, il ne retient rien de l'intérêt qu'il se donne.

PIERRE BILLON

La générosité n'est souvent que l'aspect intérieur que prennent nos sentiments égoïstes
quand nous ne les avons pas encore nommés et classés.

MARCEL PROUST

Lorsque nos intentions sont égoïstes, le fait
que nos actes puissent paraître bons ne garantit pas qu'ils soient positifs ou éthiques.

DALAÏ-LAMA

L'égoïste n'est pas celui qui vit comme il lui
plaît, c'est celui qui demande aux autres de
vivre comme il lui plaît ; l'altruiste est celui qui
laisse les autres vivre leur vie, sans intervenir.

OSCAR WILDE

Ce n'est pas égoïste de vivre pour soi-même.
Une personne qui n'a pas l'amour de soi ne
peut donner de l'amour aux autres.

ANDRÉ MATHIEU

L'égoïste est triste parce qu'il attend le bonheur.

ALAIN

L'égoïste démolit un palais pour prendre une tuile.

PROVERBE LADINO

En définitive, nous aimons tout pour nous-mêmes. L'amour est le plus égoïste des états...

JEAN-MICHEL WYL

De voir les autres égoïstes, cela nous stupéfie, comme si nous seuls avions le droit de l'être et l'ardeur de vivre.

JULES RENARD

Le bonheur rend égoïste. Il anesthésie les fibres de la tendresse.

MADELEINE GÉRÔME

Il n'y a qu'une façon d'être un peu moins égoïste que les autres : c'est d'avouer son égoïsme.

JULES RENARD

Des égoïstes, les hommes ! La femme, pour eux, n'est qu'une bonne servante et une éleveuse d'enfants.

ANDRÉ BRUGEL

Rien n'est peut-être plus égoïste que le pardon.

ANDRÉ CHAMSON

Inquiétude : pensée égoïste qui consiste à espérer ne pas avoir mal.

MARIE LENNE

L'égoïste vit dans l'horizon le plus étroit, mais il le remplit.

COMTE DE BELVÈZE

La sympathie est une passion animale et même une passion égoïste : mais c'est notre meilleure chance de nous évader de l'égoïsme.

GEORGES DUHAMEL

Je suis trop égoïste pour ne pas m'intéresser aux autres car ils sont mon avenir.

GUSTAVE PARKING

L'égoïste est celui qui n'emploie pas toutes les minutes de sa vie à assurer le bonheur de tous les autres égoïstes.

LUCIEN GUITRY

C'est n'être bon à rien de n'être bon qu'à soi.

VOLTAIRE

Un égoïste... un homme qui ne pense pas à moi.

EUGÈNE LABICHE

Nul n'est moins disposé qu'un égoïste à tolérer l'égoïsme qui partout lui suscite d'intraitables concurrents.

AUGUSTE COMTE

Il n'y a point de passion plus égoïste que celle de la luxure.

MARQUIS DE SADE

L'égoïste s'attendrit à l'aspect d'un naufrage en songeant qu'il aurait pu se trouver sur le navire.

JULES PETIT-SENN

Qu'on se le dise, la jalousie est un zèle égoïste et malheureux.

ANDRÉ COMTE-SPONVILLE

Les égoïstes ne savent pas converser ; ils ne parlent qu'à eux-mêmes.

AMOS BRONSON ALCOTT

Un égoïste est incapable d'aimer un ami,
mais il ne peut se passer d'amis : il ne s'aime-
rait jamais assez à lui tout seul.

Eugène Labiche

Un égoïste, c'est un homme qui pense que
s'il n'était pas né, les gens se demanderaient
pourquoi.

Dan Post

L'égoïsme seul permet à l'individu de con-
server son bien le plus précieux : la vie.

Hervé Biron

L'égoïsme seul permet à l'individu de con-

Seul l'égoïste n'a pas de consolation sur
terre.

Jozsef Eötvös

Le vrai égoïste est celui qui n'a aucune con-
sidération pour l'égoïsme des autres.

Ambrose Bierce

Un acte de vertu, un sacrifice ou de ses intérêts ou de soi-même, est le besoin d'une âme noble, l'amour-propre d'un cœur généreux, et, en quelque sorte, l'égoïsme d'un grand caractère.

CHAMFORT

Être bête, égoïste et avoir une bonne santé, voilà les trois conditions voulues pour être heureux. Mais si la première vous manque, tout est perdu.

GUSTAVE FLAUBERT

L'homme supérieur est celui qui a une bienveillance égale pour tous, et qui est sans égoïsme et sans partialité.

CONFUCIUS

On dit que l'égoïsme ne sait pas aimer, mais il ne sait pas mieux se laisser aimer.

ASTOLPHE CUSTINE

L'amour abstrait de l'humanité est presque toujours de l'égoïsme.

FIODOR DOSTOÏEVSKI

Montrez-moi un homme heureux, moi, je vous montrerai la suffisance, l'égoïsme, la malignité, à moins que ce ne soit la totale ignorance.

GRAHAM GREENE

Mais, enfin, pourquoi donc mépriser un homme qui a de l'égoïsme plutôt qu'un homme qui a du cœur ?

JULES RENARD

Une action humaine n'est jamais gratuite et quand on croit connaître les mécanismes fondamentaux des comportements humains, on peut toujours déceler un égoïsme biologique et trivial dans toute action en apparence désintéressée.

HENRI LABORIT

Égoïsme : Se plaindre de celui des autres et ne pas s'apercevoir du sien.

GUSTAVE FLAUBERT

Dans la voie spirituelle, l'égoïsme, l'égocentrisme et la suffisance sont de graves défauts.

OSTAD ELAHI

Élevez-vous. Élargissez votre horizon. Quittez l'argile, la fange, le ventre, l'intérêt, l'appétit, la passion, l'égoïsme, la pesanteur. Allez à la lumière. Devenez une grande âme. Passez du géocentrique à l'héliocentrique.

VICTOR HIGO

La volonté forte est admirée de tout le monde, parce que personne ne l'a et parce que chacun se dit que, s'il l'avait, il n'y aurait plus de limite pour lui ni pour son égoïsme.

FRIEDRICH NIETZSCHE

Et pour l'égoïsme primitif, il est clairement établi que ce n'est jamais « moi » mais toujours autrui qui « doit ».

CARL JUNG

Rejette ce que l'égoïsme fait paraître bien, mais qui nuit à autrui. Fais ce qui te semble péché, mais profite à autrui. En quelque sorte, agis de façon à ne point rougir de toi-même.

MILAREPA

Si vous désignez par égoïsme le désir de contenter ses besoins, en ce sens je suis et chaque parcelle de la nature est égoïste.

MAURICE BARRÈS

Comment voulez-vous que ne périsse pas celui qui, par un aveugle égoïsme, voudra lutter seul contre les intérêts réunis des autres.

MARQUIS DE SADE

Il n'y a pas de vrai bonheur dans l'égoïsme.

GEORGE SAND

Le mariage, tel qu'il existe aujourd'hui, est le plus odieux de tous les mensonges, la forme suprême de l'égoïsme.

LÉON TOLSTOÏ

L'égoïsme inspire une telle horreur que nous avons inventé la politesse pour le cacher, mais il perce à travers tous les voiles et se trahit en toute rencontre,

ARTHUR SCHOPENHAUER

L'amour est un égoïsme à deux.

MADAME DE STAËL

L'égoïsme intellectuel est peut-être l'héroïsme de la pensée.

GUSTAVE FLAUBERT

Il y a quelque chose d'épatant avec les égoïstes. Ils ne parlent jamais des autres.

LUCILLE S. HARPER

Égoïsme : moi de 365 jours.

ROMAIN COOLUS

Il y a deux sortes d'égoïstes. Ceux qui le reconnaissent et nous.

LAURENCE J. PETER

L'égoïsme n'est pas l'amour de soi, mais une passion désordonnée de soi.

ARISTOTE

Envie

La sotte vanité, jointe avec l'envie,
Deux pivots qui roule aujourd'hui notre vie.

JEAN DE LA FONTAINE

❧

Dès que la Chance entre quelque part, l'Envie aussitôt fait le siège et engage le combat.

LÉONARD DE VINCI

❧

Si la tristesse est si près de la fortune, pourquoi l'envie est-elle si loin de la pitié ?

RIVAROL

❧

L'envie est un feu qui dessèche.

CHEVALIER DE MÉRÉ

❧

Il n'y a aucun vice qui nuise tant à la félicité des hommes que celui de l'envie.

RENÉ DESCARTES

Le fourreau doré de la compassion cache parfois le poignard de l'envie.

FRIEDRICH NIETZSCHE

Être heureux, c'est être envieux. Or, il y a toujours quelqu'un qui nous envie. Il s'agit de le connaître.

JULES RENARD

L'admiration est un abandon heureux de soi-même, l'envie une revendication malheureuse du moi.

SÖREN KIERKEGAARD

Ce qu'on nomme communément envie est un vice qui consiste en une perversité de nature qui fait que certaines gens se fâchent du bien qu'ils voient arriver aux autres hommes.

RENÉ DESCARTES

Bien que tout vice dans le cœur humain soit le poison de l'adversaire, c'est l'envie qui permet au serpent de cracher son venin le plus secret et de vomir la peste de sa méchanceté pour la faire partager.

GRÉGOIRE LE GRAND

L'envie ordinairement détruit tout ce qu'elle ne peut acquérir.

CHEVALIER DE MÉRÉ

L'envie est blessure pour l'esprit qui se ronge, torturé par le bonheur d'autrui.

GRÉGOIRE LE GRAND

Si toute faute est contraire à une vertu, le péché d'envie est celui qui s'oppose le plus directement à l'amour et c'est par celui-ci que sont soignés les envieux.

SÉBASTIEN LAPAQUE

La plus excellente des vertus morales est le peu d'estime de soi-même. Elle a cet avantage qu'elle ne s'attire l'envie de personne.

PROVERBE ORIENTAL

L'envie et le mépris sont des alliés naturels.

LAO SHE

L'envie, le sentiment le plus fortifiant et le plus pur.

JULES RENARD

Il est peu d'hommes enclins à rendre hommage, sans quelques mouvements d'envie, au succès d'un ami.

ESCHYLE

Les envieux mourront, mais jamais l'envie.

PROVERBE FRANÇAIS

L'envie a le teint livide et le discours calomnieux.

HÉSIODE

L'envie est plus irréconciliable que la haine.

LA ROCHEFOUCAULD

L'envie n'a point de repos.

PROVERBE ORIENTAL

La haine du grand pour le petit est le dégoût ; la haine du petit pour le grand, l'envie.

ARTHUR SCHNITZLER

Il vaut mieux faire envie que pitié.

HÉRODOTE

Si l'envie était une fièvre, le monde entier serait malade.

PROVERBE DANOIS

Il n'y a que deux grands courants dans l'histoire de l'humanité : la bassesse qui fait les conservateurs et l'envie qui fait les révolutionnaires.

LES FRÈRES GONCOURT

Il n'y a que la médiocrité qui ne soit exposée à l'envie.

BOCCACE

Faiblesse

L'on fait plus souvent des trahisons par faiblesse que par un dessein formé de trahir.

LA ROCHEFOUCAULD

Il y a bien autant de paresse que de faiblesse
à se laisser gouverner.

JEAN DE LA BRUYÈRE

Un esprit solide dans un corps humain, c'est
la plus grande force dans la plus grande
faiblesse.

ISOCRATE

La plus grande couardise consiste à éprouver
sa puissance sur la faiblesse d'autrui.

JACQUES AUDIBERTI

On a tous tendance à voir dans la force un
coupable et dans la faiblesse une innocente
victime.

MILAN KUNDERA

Il n'existe pas de défaite, si ce n'est de l'intérieur. Il n'existe réellement aucune barrière insurmontable si ce n'est votre propre faiblesse naturelle quant au but poursuivi.

RALPH WALDO EMERSON

Au lieu de vouloir corriger les hommes de certains travers insupportables à la société, il aurait fallu corriger la faiblesse de ceux qui les souffrent.

CHAMFORT

C'est un devoir pour nous, les forts, de porter les faiblesses de ceux qui n'ont pas cette force et de ne point rechercher ce qui nous plaît.

LA BIBLE

C'est par faiblesse que l'on hait un ennemi, et que l'on songe à se venger; et c'est par paresse que l'on s'apaise, et qu'on ne se venge point.

JEAN DE LA BRUYÈRE

Celui qui connaît sa force et garde la faiblesse est la vallée de l'empire.

LAO-TSEU

À cause de la faiblesse de nos sens, nous sommes impuissants à distinguer la vérité.

ANAXAGORE

Les hommes rougissent moins de leurs crimes que de leurs faiblesses et de leur vanité.

JEAN DE LA BRUYÈRE

La faiblesse est le seul défaut que l'on ne saurait corriger.

LA ROCHEFOUCAULD

Avouer son ignorance est une preuve de savoir ; déclarer sa faiblesse, un signe de pouvoir.

PROVERBE PERSAN

La vengeance procède toujours de la faiblesse de l'âme, qui n'est pas capable de supporter les injures.

LA ROCHEFOUCAULD

Il y a autant de faiblesse à fuir la mode qu'à l'affecter.

JEAN DE LA BRUYÈRE

C'est raison qu'on fasse grande différence entre les fautes qui viennent de notre faiblesse, et celles qui viennent de notre malice.

MONTAIGNE

Parmi les faibles, le plus fort est celui qui n'oublie pas sa faiblesse.

PROVERBE SUÉDOIS

La vie n'est jamais aussi compliquée que se plaisent à l'imaginer les têtes faibles.

MARCEL AYMÉ

Tu seras aimé le jour où tu pourras montrer ta faiblesse sans que l'autre s'en serve pour affirmer sa force.

Cesare Pavese

La faiblesse est plus opposée à la vertu que le vice.

La Rochefoucauld

Les effets de la faiblesse sont inconcevables, et je maintiens qu'ils sont plus prodigieux que ceux des passions les plus violentes.

Cardinal de Retz

Gentillesse

Agis avec gentillesse, mais n'attends pas de la reconnaissance

CONFUCIUS

La gentillesse est le langage qu'un sourd peut entendre et qu'un aveugle peut voir.

MARK TWAIN

Sagesse, beauté et gentillesse ne font bouillir aucun chaudron.

PROVERBE FRANÇAIS

Les paroles sages tombent quelquefois dans l'oreille d'un sourd ; mais un mot gentil n'est jamais perdu.

ARTHUR HELPS

La gentillesse est la noblesse de l'intelligence.

JACQUES WEBER

Une certaine qualité de gentillesse est toujours signe de trahison.

FRANÇOIS MAURIAC

La gentillesse est la forme la plus aboutie et

À force d'être gentil, on finit par être suspect.

CHARLES TRENET

La gentillesse est la forme la plus aboutie et
la plus efficace de la malice.

SERGE UZZAN

Gourmandise

La gourmandise vide les poches.

PROVERBE ALLEMAND

Le paysan meurt de faim et son maître, de gourmandise.

PROVERBE POLONAIS

On a beau manger sa viande jusqu'à l'os, la gourmandise de disparaît jamais.

PROVERBE TÉKÉ

La gourmandise commence quand on n'a plus faim.

ALPHONSE DAUDET

Si le puissant mange un caméléon, on dit que c'est pour se soigner, c'est un médicament. Si le pauvre en mange, on l'accuse de gourmandise.

PROVERBE AFRICAIN

La gourmandise est ennemie des excès.

ANTHELME BRILLAT-SAVARIN

La gourmandise tue plus de gens que l'épée.

PROVERBE FRANÇAIS.

De toutes les passions, la seule vraiment respectable me paraît être la gourmandise.

GUY DE MAUPASSANT

Humilité

L'humilité est l'antichambre de toutes les per-
fections.

MARCEL AYMÉ

❧

La véritable humilité est d'abord une décen-
ce, un équilibre.

GEORGES BERNANOS

❧

L'humilité n'est souvent qu'une feinte sou-
mission, dont on se sert pour soumettre les
autres.

LA ROCHEFOUCAULD

❧

Toute grande œuvre d'art est le fruit d'une
humilité profonde.

VALÉRY LARBAUD

❧

On s'humilie par orgueil. On accepte d'être
humilié par humilité.

ROBERT MALLET

Dans le domaine de l'intelligence, la vertu d'humilité n'est pas autre chose que le pouvoir d'attention.

Simone Weil

Faites preuve d'humilité devant ceux qui considèrent cela comme de la courtoisie et de la grandeur d'âme, mais ne vous comportez pas humblement si cela doit être pris pour de la peur ou de la bassesse.

Ostad Elahi

L'humilité est la véritable preuve des vertus chrétiennes : sans elle nous conservons tous nos défauts, et ils sont seulement couverts par l'orgueil qui les cache aux autres, et souvent à nous-mêmes.

La Rochefoucauld

Cultiver l'humilité revient à cultiver l'hypocrisie. L'humble n'a pas conscience de son humilité.

Gandhi

L'humilité sert à agir avec puissance.

LAO-TSEU

Soyez toujours modeste, jamais humble. La modestie est la qualité d'un honnête homme. L'humilité est la qualité d'un lâche, d'un fourbe, d'un sot, ou la vertu d'un chrétien.

LAURENT ANGLIVIEL DE LA BEAUMELLE

L'humilité consiste à transiger avec le mensonge.

MIGUEL DE UNAMUNO

L'humilité naît de la confiance des autres.

CARL HAMMARSKJÖLD

L'humilité est l'autel sur lequel Dieu veut qu'on lui fasse des sacrifices.

LA ROCHEFOUCAULD

Hypocrisie

Hypocrite. Celui qui, professant des vertus pour lesquelles il n'a aucun respect, en retire l'avantage d'avoir l'air d'être ce qu'il méprise.

AMBROSE BIERCE

L'hypocrisie est un vice privilégié, qui jouit en repos d'une impunité souveraine.

MOLIÈRE

L'hypocrisie est un hommage que le vice rend à la vertu.

LA ROCHEFOUCAULD

Boire du vin et étreindre la beauté vaut mieux que l'hypocrisie du dévot.

OMAR KHAYYÂM

Les hypocrites, comme les abeilles, ont le miel à la bouche et l'aiguillon caché.

JACQUES DELILLE

Faut-il cesser d'être vertueux parce qu'il y a des hypocrites ?

TRISTAN BERNARD

Qui a l'âme élevée sans être fort sera hypocrite ou abject.

HENRI MICHAUX

Un hypocrite est un patient dans la double acceptation du mot ; il calcule un triomphe et endure un supplice.

VICTOR HUGO

Il faut supprimer de toute notre vie l'hypocrisie et la dissimulation.

CICÉRON

L'hypocrisie est un vice à la mode et tous les vices à la mode passent pour des vertus.

MOLIÈRE

L'hypocrite sourit, l'énergumène aboie.

VOLTAIRE

Je déteste les bons hypocrites : ils ont souvent plus d'amis que vous et moi.

JULES FÉRET

Ingratitude

Le moins coûteux de tous les vices, c'est l'ingratitude.

JEAN LOUIS AUGUSTE COMMERSON

L'ingratitude est un gain de temps.

FRÉDÉRIC DARD

Presque tout le monde prend plaisir à s'acquitter des petites obligations ; beaucoup de gens ont de la reconnaissance pour les médiocres ; mais il n'y a quasi personne qui n'ait de l'ingratitude pour les grandes.

LA ROCHEFOUCAULD

Il y a des services si grands qu'on ne peut les payer que par l'ingratitude.

ALEXANDRE DUMAS

L'ingratitude est une variété de l'orgueil.

EUGÈNE LABICHE

Le souvenir des bienfaits reçus est fragile, comparé à l'ingratitude.

LÉONARD DE VINCI

Le bien a pour tombeau l'ingratitude humaine.

ALFRED DE MUSSET

Il n'y a qu'un seul vice dont on ne voie personne se vanter, c'est l'ingratitude.

GÉRARD DE NERVAL

Dans le commun de la vie, cela passe pour ingratitude de rendre de mauvaise grâce ce qu'une main bienfaisante a généreusement prêté.

SHAKESPEARE

Nous serions insensibles à l'ingratitude si nous ne tenions pas le compte de nos bienfaits.

CLAUDE AVELINE

Il aura fait peu de bien dans sa vie celui qui n'aura rien su de l'ingratitude.

JACINTO BENAVENTE Y MARTINEZ

Ingrat : individu qui reçoit un avantage d'un autre, ou qui est un objet de charité.

AMBROSE BIERCE

Un homme qui vient d'être placé ne se sert plus de sa raison et de son esprit pour régler sa conduite et ses dehors à l'égard des autres ; il emprunte sa règle de son poste et de son état : de là l'oubli, la fierté, l'arrogance, la dureté, l'ingratitude.

JEAN DE LA BRUYÈRE

Prévoir l'ingratitude. Celui qui donne quelque chose de grand ne trouve pas de reconnaissance ; car le donataire, rien qu'en le recevant, a déjà trop lourd à porter.

FRIEDRICH NIETZSCHE

Cadeau de janvier, ingratitude de février.

DICTON FRANÇAIS

Le trop grand empressement qu'on a de s'acquitter d'une obligation est une espèce d'ingratitude.

LA ROCHEFOUCAULD

Jalousie

Les âmes fortes ne sont ni jalouses ni crain-
tives : la jalousie est un doute, la crainte est
une petitesse.

HONORÉ DE BALZAC

La jalousie est une preuve de cœur, comme
la goutte, de jambes.

PAUL-JEAN TOULET

La jalousie n'est qu'un sot enfant de l'orgueil,
ou c'est la maladie d'un fou.

BEAUMARCHAIS

La jalousie est comme un acide qui attaque
d'abord le cœur du jaloux lui-même pour
atteindre ensuite celui qu'il jalouse.

OSTAD ELAHI

La jalousie, c'est un manque d'estime pour la
personne qu'on aime.

IVAN ALEKSEEVITCH BOUNINE

La jalousie n'est souvent qu'un inquiet besoin de tyrannie appliquée aux choses de l'amour.

MARCEL PROUST

∝

Ce qui rend la douleur de la jalousie si aiguë, c'est que la vanité ne peut aider à la supporter.

STENDHAL

∝

Un jugement négatif vous satisfait plus encore qu'une louange, pourvu qu'il respire la jalousie.

JEAN BAUDRILLARD

∝

La jalousie dévore la vertu comme le feu dévore le fuel.

HAZRAT ALI

∝

La jalousie est mille fois plus terrible que la faim parce que c'est une faim spirituelle.

MIGUEL DE UNAMUNO

Celui qu'entoure la flamme de la jalousie, celui-là en fin de compte, pareil au scorpion, tourne contre lui-même son dard empoisonné.

FRIEDRICH NIETZSCHE

La jalousie ne permet jamais de voir les choses telles qu'elles sont. Les jaloux voient le réel à travers un miroir déformant qui grossit les détails insignifiants, transforme les nains en géants et les soupçons en vérité.

MIGUEL DE CERVANTÈS

La jalousie est de toutes les maladies de l'esprit celle à qui le plus de choses servent d'aliment et le moins de choses de remède.

MONTAIGNE

La jalousie est un monstre qui s'engendre lui-même et naît de ses propres entrailles.

SHAKESPEARE

La jalousie d'autrui a, du moins, cet avantage parfois de nous faire découvrir notre propre bonheur.

CHARLES REGISMANSET

✧

Le riz qui est dans ton grenier est ton ennemi parce qu'il excite la jalousie de ceux qui n'en ont pas.

PROVERBE THAÏ

✧

La jalousie est un sentiment que l'amitié n'éteint pas toujours. Rien de si difficile à pardonner que le mérite.

DIDEROT

Lâcheté

Ce n'est pas de la lâcheté que de sauver sa peau. Ça relève même de l'intelligence.

PROVERBE SÉNÉGALAIS

Le seul vrai combat de tout homme l'oppose à sa propre lâcheté.

TONINO BENACQUISTA

L'opinion pardonne facilement tous les vices, sauf la lâcheté.

CLAUDE TAITTINGER

Entre la mort et la lâcheté, choisis sans hésiter la mort.

SHAN SA

La lâcheté est presque toujours due à la simple incapacité de suspendre l'activité de son imagination.

ERNEST HEMINGWAY

Le courage n'est souvent dû qu'à l'incon-
science. Alors que la lâcheté s'appuie toujours sur de solides informations.

PETER USTINOV

La tyrannie mène à la lâcheté de l'esprit.

HAZRAT ALI

La défense la plus sûre contre la tentation, c'est
la lâcheté.

MARK TWAIN

Les ruses et les machinations ténébreuses
ont été imaginées par les hommes pour venir
en aide à leur lâcheté.

EURIPIDE

L'homme est avant tout un lâche souvent
préoccupé de trouver une excuse à sa lâcheté.

MICHEL BERNANOS

C'est une lâcheté bien commune que celle d'immoler un bon homme à l'amusement des autres.

DIDEROT

S'emparer de ce qui ne peut se défendre, c'est une lâcheté.

ANDRÉ GIDE

La peur tient à l'imagination, la lâcheté au caractère.

JOSEPH JOUBERT

On a trois ou quatre fois dans sa vie l'occasion d'être brave, et tous les jours, celle de ne pas être lâche.

HERVÉ BAZIN

La lâcheté tend à projeter sur les autres la responsabilité qu'on refuse.

JULIO CORTAZAR

Tout est humain, surtout les faiblesses, les lâchetés.

DRISS CHRAÏBI

Tout est bon pour la défense, excepté la lâcheté.

ROBERT BRASILLACH

Ce que nous prenons pour de la cruauté chez l'homme n'est presque toujours que de la lâcheté.

MARCELLE AUCLAIR

La peur du ridicule obtient de nous les pires lâchetés.

ANDRÉ GIDE

L'ironie est la bravoure des faibles et la lâcheté des forts,

A. BERTHELET

Les choses ne sont pas si douloureuses ni difficiles d'elles-mêmes ; mais notre faiblesse et notre lâcheté les font telles.

MONTAIGNE

La lâcheté rend subtil.

ÉMILE MICHEL CIORAN

Dans beaucoup de prudence, il y a toujours un peu de lâcheté.

CHARLES LAMESLE

La peur du ridicule obtient de nous les pires lâchetés.

ANDRÉ GIDE

Méchanceté

Je hais sottise encore plus que méchanceté ; mais réellement je ne crois ni à l'une ni à l'autre.

ALAIN

La méchanceté combinée avec l'intérêt personnel équivaut à beaucoup d'esprit.

HONORÉ DE BALZAC

La morale est peut-être la forme la plus cruelle de la méchanceté.

HENRY BECQUE

À nous de devenir des chasseurs de tigre pour débusquer et vaincre la méchanceté tapie au fond de nous-mêmes.

JEAN-PIERRE DAVIDTS

Toute méchanceté a sa source dans la faiblesse.

SÉNÈQUE

La méchanceté est de tous les esprits le plus facile. Rien n'est si aisé que d'apercevoir un ridicule ou un vice et de s'en moquer : il faut des qualités supérieures pour comprendre le génie et la vertu.

CHATEAUBRIAND

Le mal qui est dans le monde vient presque toujours de l'ignorance, et la bonne volonté peut faire autant de dégâts que la méchanceté, si elle n'est pas éclairée.

ALBERT CAMUS

Il n'est pas nécessaire de croire en une source surnaturelle du mal. Les hommes sont, par eux-mêmes, capables de toutes les méchancetés.

JOSEPH CONRAD

On met la femme au singulier quand on a du bien à en dire et on en parle au pluriel sitôt qu'elle vous fait quelque méchanceté.

SACHA GUITRY

Nos plus grandes façades le sont pour cacher, non pas notre méchanceté ou notre laideur, mais bien notre vide.

ERIC HOFFER

La taquinerie est la méchanceté des bons.

VICTOR HUGO

Vous autres, les femmes, vous cherchez toujours des causes à la méchanceté. C'est une façon détournée de la justifier.

HENRI-RENÉ LENORMAND

Quiconque attend la peine, il la souffre ; et quiconque l'a méritée, l'attend. La méchanceté fabrique des tourments contre soi.

MONTAIGNE

La perfidie est la forme de méchanceté des délicats.

HENRI DE RÉGNIER

Toute méchanceté vient de faiblesse ; l'enfant est méchant que parce qu'il est faible ; rendez-le fort, il sera bon.

JEAN-JACQUES ROUSSEAU

Il faut dans les lois une certaine candeur. Faites pour punir la méchanceté des hommes, elles doivent avoir elles-mêmes la plus grande innocence.

MONTESQUIEU

Il n'y a d'autre enfer pour l'homme que la bêtise ou la méchanceté de ses semblables.

MARQUIS DE SADE

Le méchanceté et la grossièreté sont des partis pris accessibles à tout le monde, qui soulagent tout le monde. La méchanceté et la grossièreté sont les armes de la simplicité.

COLUCHE

Les épines, ça ne sert à rien, c'est de la pure méchanceté de la part des fleurs!

ANTOINE DE SAINT-EXUPÉRY

La méchanceté est rare. La plupart des hommes sont bien trop occupés d'eux-mêmes pour être méchants.

FRIEDRICH NIETZSCHE

On n'est jamais excusable d'être méchant, mais il y a quelque mérite à savoir qu'on l'est; et le plus irréparable des vices est de faire le mal par bêtise.

CHARLES BAUDELAIRE

C'est une erreur de la méchanceté humaine de louer toujours le passé et de dédaigner le présent.

TACITE

La méchanceté boit elle-même la plus grande partie de son venin.

SÉNÈQUE

Le seul contrepoids à la méchanceté de l'homme est sans doute sa lâcheté.

HENRY DE MONTHERLANT

Mensonge

Le mensonge adoucit les mœurs.

GEORGES DE PORTO-RICHE

La seule forme de mensonge qui soit absolument sans reproche est de mentir dans son propre intérêt.

OSCAR WILDE

Le plus amusant des mensonges, c'est de faire semblant de croire un menteur.

LÉOPOLD MARCHAND

Le meilleur menteur est celui qui fait servir le même mensonge le plus longtemps possible.

SAMUEL BUTLER

C'est toujours la meilleure tactique de dire la vérité ; à moins, bien sûr, que vous soyez un extraordinaire menteur.

JÉRÔME K. JÉRÔME

Pourquoi n'aimerions-nous pas les femmes pour ce qu'elles font de mieux : mentir ?

SACHA GUITRY

✂

Comme une femme ment mal quand on sait qu'elle ment !

ROBERT DE FLERS

✂

Il faut autant d'énergie pour convaincre autrui avec une petite vérité qu'avec un gros mensonge.

JÉRÔME RIQUIER

✂

J'aime la vérité. Je crois que l'humanité en a besoin ; mais elle a bien plus grand besoin encore du mensonge, qui la flatte, la console, lui donne des espérances infinies. Sans le mensonge, elle périrait de désespoir et d'ennui.

ANATOLE FRANCE

Quand on ment à sa femme, on a l'impression qu'on se rembourse.

SACHA GUITRY

Aucun homme n'a assez de mémoire pour réussir dans le mensonge.

ABRAHAM LINCOLN

Parfois le mensonge explique mieux que la vérité ce qui se passe dans l'âme.

MAXIME GORKI

Le mensonge, comme l'huile, flotte à la surface de la vérité.

HENRYK SIENKIEVICZ

Je suis toujours la ligne droite, mais je change parfois de ligne droite.

ARMAND SALACROU

Dans le royaume du vrai, le mensonge, lui aussi, devient la vérité...

ANTONIO G. RODRIGUEZ

Qu'est-ce que le mensonge ? Ce n'est que la vérité d'une mascarade.

LORD BYRON

Il y a des circonstances où le mensonge est le plus saint des devoirs.

EUGÈNE LABICHE

Le mensonge des uns est l'antidote aux mensonges des autres.

BERNARDO CARVALHO

Les mensonges sont plus crédibles quand ils sont énormes et détaillés.

HUGO PRATT

La vérité résulte parfois d'un cumul de mensonges qui se compensent.

GRÉGOIRE LACROIX

Je ne l'admets pas toujours, mais je le comprends : certains mensonges sont indispensables.

MICHEL PICCOLI

Les pires mensonges sont ceux qu'on se murmure à soi-même.

PENELOPE WILLIAMSON

Les femmes et les médecins savent seuls combien le mensonge est nécessaire et bienfaisant aux hommes.

ANATOLE FRANCE

Le doute est le mensonge de la raison...

JULIEN FOUSSARD

La vérité est bonne, mais elle blesse, le mensonge est mauvais, mais il engraisse.

PROVERBE RUSSE

Un mensonge qui fait ses preuves assez longtemps devient réalité.

TONINO BENACQUISTA

L'homme se distingue avant tout du reste de la nature par une couche glissante et gélatineuse de mensonge qui l'enveloppe et le protège.

HERMANN HESSE

À dire vérités et mensonges, les vérités sont les dernières crues.

PROVERBE FRANÇAIS

Le vent trouve les trous de la yourte et l'âme trouve les mensonges des mots.

PROVERBE KIRGHIZ

Les yeux et tous nos sens ne sont que des messagers d'erreurs et des courriers de mensonges. Ils nous abusent plus qu'ils ne nous instruisent.

ANATOLE FRANCE

Si le mensonge n'existait pas, il n'y aurait nul besoin de le conjurer en disant des « je le jure ».

FRANÇOIS CAVANNA

Les lettres peuvent mentir et elles donnent de la durée au mensonge ; elles demeurent comme un témoignage contre vous ; elles vous font paraître encore plus déloyal que la parole.

GRAHAM GREENE

Un mensonge qui tend à la paix est préférable à une vérité qui cause une sédition.

PROVERBE ORIENTAL

Le mensonge est parfois une forme préalable de la vérité.

JEAN ANCHILH

✿

Aux questions indiscrètes, réponds par un mensonge.

PROVERBE ESPAGNOL

✿

Le mensonge ressemble à la ceinture : il n'attache que son propriétaire.

PROVERBE MALGACHE

✿

Le mensonge est comme le premier riz ; il arrive à point, mais ne suffit pas pour l'année.

PROVERBE MALGACHE

✿

L'on pourrait remarquer que le mensonge cesse d'être mensonge dans l'instant où il réussit. Et pour le menteur même.

PAUL NOUGÉ

Un mensonge est un saut du haut du toit.

PROVERBE TIBÉTAIN

Le manteau de la vérité est souvent doublé de mensonges.

PROVERBE SCANDINAVE

Le silence renferme toutes les vérités ; la parole porte tous les mensonges.

JACQUES FERRON

Plus le mensonge est gros, plus il passe.

JOSEPH GOEBBELS

La corde du mensonge est courte.

PROVERBE ARABE

Les mêmes mots diffusent autant la vérité que le mensonge.

STANISLAS CHEVALLIER

Le mensonge a souvent plus de force que la vérité, surtout auprès des femmes.

ROBERT DE ROQUEBRUNE

Les mensonges d'hier sont les vérités d'aujourd'hui.

ANTONIO G. RODRIGUEZ

Le mensonge est souvent la pierre de touche de la vérité.

JEAN-MARIE POIRIER

Si l'on ment, il faut mentir jusqu'au bout. Il faut du mensonge faire un acte de foi.

DOMINIQUE LÉVY-CHÉDEVILLE

Un mensonge souvent n'est qu'une vérité qui se trompe de date. Et cela peut se dire aussi bien de la science que de l'amour.

ÉTIENNE REY

Un noble mensonge demande moins de force qu'une cruelle vérité.

ALAIN GRANDBOIS

Comme l'amour, comme la mort, la vérité a besoin des voiles du mensonge.

CLAUDE AVELINE

Le mensonge tue l'amour, a-t-on dit. Eh bien, et la franchise donc !

ABEL HERMANT

Certaines personnes exagèrent tellement qu'elles sont incapables de dire la vérité sans mentir.

JOSH BILLINGS

Pour préserver son amour-propre, il est parfois nécessaire de mentir et de tricher.

ROBERT BYRNE

Qui parle trop est sujet à mentir ou à dire des choses inutiles.

PROVERBE ORIENTAL

Mentir à sa façon à soi, c'est presque mieux que de dire la vérité à la façon des autres.

FIODOR DOSTOÏEVSKI

Le plaisir de mentir, c'est une des grandes voluptés de la vie.

SACHA GUITRY

La crédulité des femmes est sans bornes parce qu'elles se croient seules à savoir bien mentir.

JACQUES NATANSON

«Ne pas mentir»: c'est une défense qu'on ne fait qu'aux enfants. On ne demande jamais aux adultes de ne pas mentir.

HENRY DE MONTHERLANT

Ce qui est déshonorant, ce n'est pas de mentir, c'est de se faire prendre en flagrant délit de mensonge. Il y a des maladroits du mensonge : ceux-là on devrait les reléguer dans la vérité et leur interdire d'en sortir.

ÉTIENNE REY

Il faut mentir s'il n'y a que du mal à attendre de l'aveu d'une vérité.

MICHEL LEIRIS

Quoique les personnes n'aient point d'intérêt à ce qu'elles disent, il ne faut pas conclure de là absolument qu'elles ne mentent point ; car il y a des gens qui mentent simplement pour mentir.

BLAISE PASCAL

N'importe quel imbécile peut dire la vérité, mais il faut être intelligent pour bien mentir.

SAMUEL BUTLER

Mentir, c'est diviniser autrui.

GEORGES PERROS

∞

Ne pas mentir, c'est dire ce qu'on sait, non ce qu'on croit savoir.

ROBERT ESCARPIT

∞

S'expliquer, c'est mentir.

JACQUES PERRET

∞

Tout le monde ment. Bien mentir voilà ce qu'il faut.

ALBERT CAMUS

∞

Entre époux on ne doit pas dire la vérité, entre amis on ne doit pas mentir.

PROVERBE CHINOIS

∞

Pas besoin d'intérêt pour mentir. Le plaisir suffit.

AMÉLIE NOTHOMB

Mentir est le fait des faibles.

ABOLGHASSEM FERDOWSI

La truite et le mensonge, plus c'est gros, meilleur c'est.

PROVERBE ESPAGNOL

Ma vie est difficile parceque j'ai horreur du mensonge.

HENIR CALET

Naïveté

La naïveté peut montrer des défauts, mais jamais des vices, et c'est pour cela qu'on dit une grossièreté naïve, et qu'on ne dit point une méchanceté naïve.

JEAN D'ALEMBERT

La naïveté est une façon de vivre intelligemment le présent.

GUSTAVE PARKING

La simplicité vient du cœur, la naïveté de l'esprit. Un homme simple est presque toujours un bon homme, un homme naïf peut être un fripon ; et pourtant la naïveté est toujours naturelle, tandis que la simplicité peut être l'effet de l'art.

CHATEAUBRIAND

La même chose souvent est, dans la bouche d'un homme d'esprit, une naïveté ou un bon mot, et dans celle du sot, une sottise.

JEAN DE LA BRUYÈRE

Il faut beaucoup de naïveté pour faire de grandes choses.

RENÉ CREVEL

La naïveté est le visage de la vérité.

VICTOR HUGO

Toute naïveté court le risque d'un ridicule et n'en mérite aucun. Dans toute naïveté, il y a confiance sans réflexion. Toute naïveté est témoignage d'innocence.

JOSEPH JOUBERT

La naïveté est la grâce des grands hommes.

MILAN KUNDERA

Orgueil

L'orgueil est tellement nuisible qu'il affaiblit l'âme et fortifie le soi impérieux plus que tout autre péché.

OSTAD ELAHI

L'orgueil est la même chose que l'humilité : c'est toujours le mensonge.

GEORGES BATAILLE

Que nous puissions être blessés par ceux-là mêmes que nous méprisons discrédite l'orgueil.

ÉMILE MICHEL CIORAN

L'âme vile est enflée d'orgueil dans la prospérité et abattue dans l'adversité.

ÉPICURE

L'orgueil est en nous comme la forteresse du mal.

VICTOR HUGO

L'orgueil est une enflure de cœur qui gâte toutes les bonnes qualités de l'esprit.

CHEVALIER DE MÉRÉ

La modestie n'est qu'une sorte de pudeur de l'orgueil.

MARCEL JOUHANDEAU

Il est plus difficile de se défendre de l'amertume dans la pauvreté que de l'orgueil dans l'opulence.

CONFUCIUS

L'orgueil est égal dans tous les hommes, et il n'y a de différence qu'aux moyens et à la manière de le mettre au jour.

LA ROCHEFOUCAULD

L'orgueil est toujours révoltant ; la vanité, toujours ridicule.

JEAN LE ROND D'ALEMBERT

L'orgueil a ses bizarreries, comme les autres passions ; on a honte d'avouer que l'on ait de la jalousie, et on se fait honneur d'en avoir eu, et d'être capable d'en avoir.

LA ROCHEFOUCAULD

On est orgueilleux quand on a quelque chose à perdre, et humble quand on a quelque chose à gagner.

HENRY JAMES

Un sot est un imbécile dont on voit l'orgueil à travers les trous de son intelligence.

VICTOR HUGO

L'orgueil a plus de part que la bonté aux remontrances que nous faisons à ceux qui commettent des fautes ; et nous ne les reprenons pas tant pour les en corriger que pour les persuader que nous en sommes exempts.

LA ROCHEFOUCAULD

Il y a deux degrés d'orgueil : l'un où l'on s'approuve soi-même ; l'autre où l'on ne peut s'accepter. Celui-ci est probablement le plus raffiné.

HENRI FRÉDÉRIC AMIEL

Dans votre cheminement spirituel, ne laissez en aucune manière les tentations, le doute et l'orgueil s'infiltrer en vous, car dans la voie du perfectionnement il n'y a pas de plus grand danger.

OSTAD ELAHI

Le même orgueil qui nous fait blâmer les défauts dont nous nous croyons exempts nous porte à mépriser les bonnes qualités que nous n'avons pas.

LA ROCHEFOUCAULD

Le coq ne sort pas de sa nature, moins par incapacité que par orgueil.

LAUTRÉAMONT

Lorsque l'orgueil va devant, honte et dommage le suivent.

LOUIS XI

Supporter un rôle subalterne sans aigreur est beaucoup plus difficile que d'être un exclu, un réprouvé. Cette dernière condition comporte de grandes satisfactions d'orgueil. Elle est une réussite à rebours.

ÉMILE MICHEL CIORAN

On sacrifie souvent les plus grands plaisirs de la vie à l'orgueil de les sacrifier.

CLAUDE ADRIEN HELVÉTIUS

L'ingratitude est une variété de l'orgueil.

EUGÈNE LABICHE

Notre orgueil s'augmente souvent de ce que nous retranchons de nos autres défauts.

LA ROCHEFOUCAULD

La honte est un orgueil secret, et l'orgueil est une erreur sur ce que l'on vaut, et une injustice sur ce que l'on veut paraître aux autres.

MARQUISE DE LAMBERT

Celui qui ne doute pas de soi est indigne car il a une confiance aveugle dans sa valeur et pèche par orgueil.

PAULO COELHO

Le comble de l'orgueil, c'est de se mépriser soi-même.

GUSTAVE FLAUBERT

Rien ne flatte plus notre orgueil que la confiance des grands, parce que nous la regardons comme un effet de notre mérite, sans considérer qu'elle ne vient le plus souvent que de vanité, ou d'impuissance de garder le secret.

LA ROCHEFOUCAULD

La caractéristique de l'inventeur, c'est qu'il est modeste. L'orgueil a été inventé par les non-inventeurs.

JEAN GIRAUDOUX

La hauteur de l'orgueil se mesure à la profondeur du mépris.

ANDRÉ GIDE

L'orgueil qui nous inspire tant d'envie nous sert souvent aussi à la modérer.

LA ROCHEFOUCAULD

Les scrupules sont fils de l'orgueil le plus fin.

SAINT FRANÇOIS DE SALES

La dignité n'est qu'un paravent placé par l'orgueil et derrière lequel nous enrageons à notre aise.

HONORÉ DE BALZAC

Attache plus de prix à être un humble vertueux qu'un riche orgueilleux.

MIGUEL DE CERVANTÈS

Nous entretenons notre conscience, parce
que nous avons peur de dire la vérité aux
autres ; nous nous réfugions dans l'orgueil,
parce que nous avons peur de nous dire la
vérité à nous-mêmes.

OKAKURA KAKUSO

Si nous n'avions point d'orgueil, nous ne
nous plaindrions pas de celui des autres.

LA ROCHEFOUCAULD

Le désir de mourir n'exprime parfois qu'une
subtilité de notre orgueil : nous voulons nous
rendre maîtres des surprises fatales de l'avenir, ne pas tomber victimes de son désastre
essentiel.

ÉMILE MICHEL CIORAN

L'âme est totalement dépourvue d'orgueil et d'arrogance. Chaque fois que tu décèles de l'orgueil en toi, sois certain que cela émane du soi impérieux.

OSTAD ELAHI

L'orgueil a cela de bon qu'il préserve de l'envie.

VICTOR HUGO

C'est plus souvent par orgueil que par défaut de lumières qu'on s'oppose avec tant d'opiniâtreté aux opinions les plus suivies : on trouve les premières places prises dans le bon parti, et on ne veut point des dernières.

LA ROCHEFOUCAULD

Paresse

La confiance est souvent une des formes de la paresse, car ajouter foi donne moins de peine que de contrôler.

ALFRED CAPUS

Pour nous punir de notre paresse, il y a, outre nos insuccès, les succès des autres.

JULES RENARD

Certaines personnes doivent tout le bonheur de leur vie à leur réputation de gens d'esprit, et toute leur réputation à leur paresse.

ANTOINE DE RIVAROL

La paresse, c'est se lever à six heures du matin pour avoir plus longtemps à ne rien faire.

TRISTAN BERNARD

La paresse des autres est une menace pour la mienne.

YLIPE

Trop de repos n'a jamais fait mourir personne.

TRISTAN BERNARD

Il y a dans la paresse un état d'inquiétude qui n'est pas vulgaire, et auquel l'esprit doit peut-être ses plus fines trouvailles.

JULES RENARD

La fidélité en amour n'est que la paresse du désir.

HENRI DE RÉGNIER

C'est une très funeste tendance de notre âge de se figurer que nature c'est rêverie, c'est paresse, c'est langueur.

JULES MICHELET

Un métier est une conspiration contre la paresse.

GEORGE BERNARD SHAW

Paresse : habitude prise de se reposer avant la fatigue.

JULES RENARD

❦

Un cerveau plein de paresse est l'atelier du diable.

PROVERBE ITALIEN

❦

La paresse a cela de mortel que, dès qu'on en triomphe, on la sent qui renaît.

JULES RENARD

❦

La paresse produit l'assoupissement, et l'âme lâche languira de faim.

LA BIBLE

❦

Ô paresse, mère des arts et des nobles vertus, sois le baume des angoisses humaines !

PAUL LAFARGUE

Le zèle a tué plus d'hommes que la paresse.

PROVERBE CORSE

Je me surmène de paresse.

JULES RENARD

Le travail est l'allié de la paresse dès qu'il est motivé.

ROBERT ESCARPIT

La paresse est l'oreiller du diable.

PROVERBE SCANDINAVE

L'oisiveté est peut-être aussi la mère de la paresse.

JEAN-JULES RICHARD

La bêtise, c'est de la paresse.

JACQUES BREL

L'érudition est dans beaucoup de cas une forme mal déguisée de la paresse spirituelle, ou un opium pour endormir les inquiétudes intimes de l'esprit.

MIGUEL DE UNAMUNO

Le sot qui sent sa sottise n'est déjà plus si sot, mais le paresseux peut connaître sa paresse, en gémir, et le rester.

JULES RENARD

Il faut craindre que l'ambition ne soit la couverture de l'orgueil, mais que la modestie ne soit qu'un prétexte à la paresse.

HENRI MONNIER

Le doute confine à l'inquiétude, et celle-ci est, au même titre et plus justement que la paresse, la mère de tous les vices, probables ou improbables.

JEAN-CLAUDE CLARI

L'homme est fait pour un instant de labeur et pour une éternelle paresse.

MARCEL JOUHANDEAU

Où finit la paresse, où commence la contemplation ?

JEAN DUTOURD

Seule la paresse fatigue le cerveau.

LOUIS PAUWELS

La paresse est nécessaire. Il faut la mêler à sa vie pour prendre conscience de la vie.

JACQUES CHARDONNE

La paresse est comme une béatitude de l'âme, qui la console de toutes ses pertes, et qui lui tient lieu de tous les biens.

LA ROCHEFOUCAULD

C'est pour parvenir au repos que chacun travaille ; c'est encore la paresse qui rend laborieux.

JEAN-JACQUES ROUSSEAU

On souhaite la paresse d'un méchant et le silence d'un sot.

CHAMFORT

L'ennui est entré dans le monde par la paresse.

JEAN DE LA BRUYÈRE

L'huile du fouet est le meilleur remède contre les crampes de la paresse.

PROVERBE ANGLAIS

Le travail pense, la paresse songe.

JULES RENARD

Elle était tellement paresseuse qu'elle ne faisait même pas son âge.

JEAN-MARC FONTENEAU

Il semble que c'est le diable qui a tout exprès placé la paresse à la frontière de plusieurs vertus.

LA ROCHEFOUCAULD

La constance est la paresse du cœur.

ÉTIENNE REY

Ce que toute la raison ne peut faire, le temps et la paresse en viennent à bout.

MARQUIS DE LASSAY

Les paresseux ont toujours envie de faire quelque chose.

VAUVENARGUES

La promptitude à croire le mal sans l'avoir assez examiné est un effet de l'orgueil et de la paresse.

LA ROCHEFOUCAULD

L'homme est incrédule par nature, pusillanime par habitude et ignorant par paresse invétérée.

YVETTE NAUBERT

Que la paresse soit un des péchés capitaux nous fait douter des six autres.

ROBERT SABATIER

La stérilité de sentiment nourrit la paresse.

VAUVENARGUES

Pour être avare, il ne faut que la paresse, l'inaction. C'est pour cela que l'avarice est contagieuse.

JOSEPH JOUBERT

La paresse s'entretient par le repos, le courage s'entretient par la fatigue.

PROVERBE CHINOIS

De ce que les hommes médiocres sont souvent travailleurs et les intelligents souvent paresseux, on n'en peut pas conclure que le travail n'est pas pour l'esprit une meilleure discipline que la paresse.

MARCEL PROUST

La paresse et l'oisiveté, c'est contagieux!

ANTON TCHEKHOV

Nous avons plus de paresse dans l'esprit que dans le corps.

LA ROCHEFOUCAULD

La paresse des imbéciles est une bonne chose pour tout le monde.

SACHA GUITRY

Le mouton paresseux trouve sa laine trop lourde.

PROVERBE ANGLAIS

Ne remets pas à demain ce que tu peux faire après-demain.

ALPHONSE ALLAIS

Patience

Patience : forme mineure de désespoir, déguisée en vertu.

AMBROSE BIERCE

Le génie n'est qu'une plus grande aptitude à la patience.

BUFFON

On a besoin de patience avec tout le monde, mais particulièrement avec soi-même.

SAINT FRANÇOIS DE SALES

Patience ! Avec le temps, l'herbe devient du lait.

PROVERBE CHINOIS

La patience est la clé de toutes choses. Pour avoir des poussins, il faut faire couver les œufs, pas les écraser.

ARNOLD GLASOW

Patience et longueur de temps
Font plus que force ni que rage.

JEAN DE LA FONTAINE

❧

S'armer de patience, combien l'expression
est juste! La patience est effectivement une
arme, et qui s'en munit, rien ne saurait l'abat-
tre. C'est la vertu qui me fait le plus défaut.
Sans elle, on est automatiquement livré au
caprice ou au désespoir.

ÉMILE MICHEL CIORAN

❧

Combien pauvres sont ceux qui n'ont point
de patience.

SHAKESPEARE

❧

Celui qui est privé de patience, est un homme faible, dont le bien-être dépend de quiconque veut le tourmenter.

BARON D'HOLBACH

Nous pouvons apprendre beaucoup de choses des enfants, par exemple jusqu'où va notre patience.

FRANKLIN JONES

La patience est un ingrédient indispensable du génie.

BENJAMIN DISRAELI

De la patience. Nécessaire pour avoir du plaisir quand on lit (ou quand on regarde) et pour avoir raison quand on juge, et pour bien faire quand on agit, soit qu'on veuille inventer ou mettre en œuvre.

JOSEPH JOUBERT

Il n'y a point de chemin trop long à qui marche lentement et sans se presser ; il n'y a point d'avantages trop éloignés à qui s'y prépare par la patience.

JEAN DE LA BRUYÈRE

Il faut avoir beaucoup de patience pour apprendre à être patient.

STANISLAW JERZY LEC

Une petite impatience ruine un grand projet.

CONFUCIUS

Plus le champ de la pensée s'élargit, plus la patience et la tolérance augmentent.

OSTAD ELAHI

Dans le régime des âmes, il faut une tasse de science, un baril de prudence et un océan de patience.

SAINT FRANÇOIS DE SALES

Si ce n'est aujourd'hui, ce sera demain : rappelons-nous que la patience est le pilier de la sagesse.

FRÉDÉRIC MISTRAL

La patience joue contre les offenses exactement le même rôle que les vêtements contre le froid.

Léonard de Vinci

Pour cultiver l'amitié entre deux êtres, il faut parfois la patience de l'un des deux.

Proverbe indien

Personne n'acquiert le génie ; c'est un don de Dieu. Mais on peut acquérir la patience, le courage, la sagesse, la compréhension.

Henry Miller

La patience est la vertu des mendiants.

Philip Massinger

La patience est la plus héroïque des vertus, précisément parce qu'elle n'a pas la moindre apparence d'héroïsme.

Comte Giacomo Leopardi

J'approuve par lassitude, je contredis par impatience.

JEAN ROSTAND

C'est toujours l'impatience de gagner qui fait perdre.

LOUIS XIV

C'est toujours l'impatience de gagner qui fait perdre.

L'homme sans patience, c'est comme une lampe sans huile.

ALFRED DE MUSSET

La patience a beaucoup plus de pouvoir que la force.

PLUTARQUE

Avec le temps et la patience, la feuille du mûrier devient de la soie

PROVERBE CHINOIS

C'est le métier de tout homme de parler de patience à ceux qui se tordent sous le poids de la souffrance ; mais nul n'a la vertu ni le pouvoir d'être si moral, quand il endure lui-même la pareille.

SHAKESPEARE

Persévérance

La persévérance est un talisman pour la vie.

PROVERBE AFRICAIN

La persévérance est la noblesse de l'obsti-
nation.

ADRIEN DECOURCELLE

La valeur d'une personne se mesure non pas
à la quantité de ses actes mais au degré
d'amour et de persévérance qu'elle met pour
les accomplir.

CÉCILE FORTIER KEAYS

La persévérance vient à bout de tout.

PROVERBE FRANÇAIS

La persévérance est une vertu obscure qui
permet la médiocrité d'obtenir un succès
sans gloire.

AMBROSE BIERCE

Tout amuse quand on y met de la persévérance : l'homme qui apprendrait par cœur un dictionnaire finirait par y trouver du plaisir.

GUSTAVE FLAUBERT

Peu de choses sont impossibles à qui est assidu et compétent... Les grandes œuvres jaillissent non de la force mais de la persévérance.

SAMUEL JOHNSON

On conquiert à force de persévérance.

GEORGE MATHESON

Il est incontestable que ce que l'on nomme persévérance peut conférer à plusieurs actions l'aspect de la vertu et de la grandeur, comme le fait de se taire en société donne l'aspect hébété de la sagesse et une apparence de raison.

GEORG CHRISTOPH LICHTENBERG

La plupart des hommes, pour arriver à leurs fins, sont plus capables d'un grand effort que d'une longue persévérance.

JEAN DE LA BRUYÈRE

La persévérance gagne le succès.

MICHEL DUPUY

Dans la mesure où Dieu nous a donné le pouvoir et la liberté d'agir, nous avons le devoir de faire preuve de réflexion, de volonté et de persévérance ; si malgré cela, on aboutit à une impasse, c'est que cela vient d'ailleurs.

OSTAD ELAHI

La persévérance n'est digne ni de blâme ni de louange, parce qu'elle n'est que la durée des goûts et des sentiments qu'on ne s'ôte et qu'on ne se donne point.

LA ROCHEFOUCAULD

Face à la roche, le ruisseau l'emporte toujours, non pas par la force mais par la persévérance.

H. JACKSON BROWN

Politesse

Qu'est-ce que la politesse? Une convention tacite entre deux hommes par laquelle chacun dissimule sa vanité au bénéfice de celle de l'autre.

ALPHONSE KARR

La politesse est une sorte d'émoussoir qui enveloppe les aspérités de notre caractère et empêche que les autres n'en soient blessés.

JOSEPH JOUBERT

La politesse est la première et la plus engageante de toutes les vertus sociales.

JOHN LOCKE

La politesse est la grâce de l'esprit.

HENRI BERGSON

Politesse: Forme la plus acceptable de l'hypocrisie.

AMBROSE BIERCE

La plus grande des politesses consiste à plaire.

FRÉDÉRIC DARD

La politesse vaut mieux que la sincérité, car la politesse fait toujours confiance à l'intelligence d'autrui.

ROLAND BARTHES

Ne pas s'occuper des autres, c'est toute la distinction ; s'en occuper, c'est toute la politesse. Ces deux contraires, appliqués selon les lieux, les personnes, les circonstances, font tout l'homme bien élevé.

LES FRÈRES GONCOURT

Sans la politesse, on ne se réunirait que pour se battre. Il faut donc ou vivre seul ou être poli.

ALPHONSE KARR

La politesse n'inspire pas toujours la bonté, l'équité, la complaisance, la gratitude ; elle en donne du moins les apparences, et fait paraître l'homme au dehors comme il devrait être intérieurement.

JEAN DE LA BRUYÈRE

La politesse est à la bonté ce que les paroles sont à la pensée.

JOSEPH JOUBERT

Par la politesse, dès le premier abord, les hommes qui n'ont pas encore eu le temps de savoir s'ils ont du mérite commencent par s'en supposer, c'est-à-dire par faire ce qui peut mutuellement leur être le plus avantageux ainsi que le plus agréable.

JOSEPH JOUBERT

La politesse de l'esprit consiste à penser des choses honnêtes et délicates.

LA ROCHEFOUCAULD

La politesse est la beauté de la vertu.

EMMANUEL KANT

La politesse est une monnaie destinée à enri-
chir non point celui qui la reçoit, mais celui
qui la dépense.

PROVERBE PERSAN

L'humour, c'est la politesse du désespoir.

BORIS VIAN

La seule chose que la politesse peut nous
faire perdre, c'est, de temps en temps, un
siège dans un autobus bondé.

OSCAR WILDE

La politesse, c'est l'indifférence organisée.

PAUL VALÉRY

Prudence

Il faut être prudent, mais non pas timide.

VOLTAIRE

Demeure aussi prudent au terme qu'au début ; ainsi tu éviteras l'échec.

LAO-TSEU

Le poltron se dit prudent et l'avare, économe.

PUBLIUS SYRUS

Dieu, toi qui connais le mieux les capacités des hommes, cache ses mystères aux sages et aux prudents de ce monde, et les révèle aux petits enfants.

ISAAC NEWTON

Les hommes prudents savent toujours se faire un mérite des actes auxquels la nécessité les a contraints.

NICOLAS MACHIAVEL

Ne te montre pas soupçonneux envers tout le monde, mais prudent et ferme.

DÉMOCRITE

L'homme bon porte son cœur sur sa langue, l'homme prudent porte sa langue sur son cœur.

PROVERBE TURC

La sagesse des vieillards, c'est une grande erreur. Ce n'est pas plus sages qu'ils devien-nent, c'est plus prudents.

ERNEST HEMINGWAY

Le prudent se fait du bien, le vertueux en fait aux autres.

VOLTAIRE

L'insensé laisse voir à l'instant sa colère, mais celui qui cache l'outrage est un homme pru-dent.

LA BIBLE

Rancune

Mieux vaut d'anciennes dettes que de vieilles rancunes.

Proverbe irlandais

La rancune est une espèce de fidélité empoisonnée où l'offensé noue des liens indissolubles avec l'offense et l'offenseur. Et quand elle cesse d'être une passion, elle devient une habitude et un devoir : exactement comme le mariage.

Gustave Thibon

La peur de l'ennemi détruit jusqu'à la rancune à son égard.

Fiodor Dostoïevski

Quand vous serez grands ne gardez de rancune envers personne. N'oubliez jamais que tous les hommes sont frères et qu'il faut répondre aux offenses et même au mal par le pardon et l'amour.

Estienne d'Orves

Tu ne te vengeras pas et tu ne garderas pas de rancune envers les enfants de ton peuple. Tu aimeras ton prochain comme toi-même.

LA BIBLE

La rancune n'est que la preuve de la faiblesse.

JIANG ZILONG

Coup pour coup n'a pas de rancune.

PROVERBE GUADELOUPÉEN

Simplicité

La simplicité consiste à montrer ce que l'on est ; la modestie à le cacher.

JEAN LE ROND D'ALEMBERT

Il n'est nulle grandeur là où manquent simplicité, bonté, et vérité.

LÉON TOLSTOÏ

La simplicité absolue est la meilleure manière de se distinguer.

CHARLES BAUDELAIRE

Il y a quelque chose de plus haut que l'orgueil, et de plus noble que la vanité, c'est la modestie ; et quelque chose de plus rare que la modestie, c'est la simplicité.

RIVAROL

La modestie est quelquefois hypocrite, et la simplicité ne l'est jamais.

JEAN LE ROND D'ALEMBERT

La simplicité affectée est une imposture déli-
cate.

LA **R**OCHEFOUCAULD

∽

La simplicité est la sophistication suprême.

LÉONARD DE **V**INCI

∽

Rien n'est si contraire à la simplicité que le
scrupule. Il cache je ne sais quoi de double et
de faux.

FÉNELON

∽

La simplicité tient plus au caractère ; la modestie, à la réflexion.

JEAN LE **R**OND D'**A**LEMBERT

Sincérité

Les hommes sont toujours sincères. Ils changent de sincérité, voilà tout.

TRISTAN BERNARD

La sincérité est communicative.

HENRI BERGSON

Un peu de sincérité est dangereux, beaucoup de sincérité est fatal.

OSCAR WILDE

La sincérité est un calcul comme un autre.

JEAN ANOUILH

Un homme dépourvu de sincérité et de fidélité est un être incompréhensible à mes yeux. C'est un grand char sans flèche, un petit char sans timon ; comment peut-il se conduire dans le chemin de la vie ?

CONFUCIUS

Il faut de la sincérité et de la droiture, même pour séduire.

VAUVENARGUES

❧

La sincérité est un don comme un autre. N'est pas sincère qui veut.

JULIEN GREEN

❧

Croire à ses propres mensonges, c'est cela qu'on appelle la sincérité.

ROBERT ESCARPIT

❧

La sincérité est de verre ; la discrétion est de diamant.

ANDRÉ MAUROIS

❧

La sincérité est une ouverture de cœur. On la trouve en fort peu de gens ; et celle que l'on voit d'ordinaire n'est qu'une fine dissimulation pour attirer la confiance des autres.

LA ROCHEFOUCAULD

La sincérité est un perpétuel effort pour créer son âme telle qu'elle est.

JACQUES RIVIÈRE

Quelque défiance que nous ayons de la sincérité de ceux qui nous parlent, nous croyons toujours qu'ils nous disent plus vrai qu'aux autres.

LA ROCHEFOUCAULD

Le manque de sincérité est-il une chose si terrible ? Je ne le pense pas. C'est simplement une méthode qui nous permet de multiplier nos personnalités.

OSCAR WILDE

Le secret de la réussite, c'est la sincérité : si vous parvenez à la feindre, vous pouvez faire n'importe quoi.

GEORGE BURNS

Il faut se piquer d'être raisonnable, mais non pas d'avoir raison ; de sincérité et non pas d'infaillibilité.

JOSEPH JOUBERT

Pour bien mentir, il faut beaucoup de sincérité !

JEAN GIONO

Timidité

La timidité tient au caractère ; l'embarras, aux circonstances.

JEAN LE ROND D'ALEMBERT

La timidité, source inépuisable de malheurs dans la vie pratique, est la cause directe, voire unique, de toute richesse intérieure.

ÉMILE MICHEL CIORAN

Rien ne surpasse en gravité les vilenies et les grossièretés que l'on commet par timidité.

ÉMILE MICHEL CIORAN

La timidité est un défaut dont il est dangereux de reprendre les personnes qu'on en veut corriger.

LA ROCHEFOUCAULD

On ne saura jamais combien la timidité peut rendre vertueux et niais.

PAUL LÉAUTAUD

La timidité est le résultat de l'opinion généralement exagérée qu'on se fait du mérite des autres.

GÉRARD DE ROHAN-CHABOT

Rien de plus arrogant qu'un timide qui a vaincu sa timidité.

TOMI UNGERER

La timidité est la prison du cœur.

PROVERBE ESPAGNOL

L'action guérit cette sorte d'humeur, que nous appelons, selon les cas, impatience, timidité ou peur.

ALAIN

La timidité est une contraction de la sensibilité, une crampe de l'esprit.

HENRI DE RÉGNIER

Vanité

La vanité est, pour les imbéciles, une puissante source de satisfaction. Elle leur permet de substituer aux qualités qu'ils n'acquerront jamais la conviction de les avoir toujours possédées.

GUSTAVE LE BON

Les passions les plus violentes nous laissent quelquefois du relâche, mais la vanité nous agite toujours.

LA ROCHEFOUCAULD

La vanité, grande ennemie de l'égoïsme, peut engendrer tous les effets de l'amour du prochain.

PAUL VALÉRY

La vanité des femmes est telle que pour paraître aimées, elles se passeraient fort bien de l'être.

DUCHESSE D'ABRANTÈS

La sottise et la vanité sont compagnes insé-
parables.

BEAUMARCHAIS

Cette vanité rentrée, qui, pour se consoler de
l'indifférence qu'on lui montre, feint de re-
pousser ce qu'on ne pense point à lui offrir.

JEAN LE ROND D'ALEMBERT

On est d'ordinaire plus médisant par vanité
que par malice.

LA ROCHEFOUCAULD

La vanité est une ambition toute personnelle ;
ce n'est pas pour ses qualités réelles, ses
mérites et ses actions, que l'on veut être es-
timé, honoré et recherché, mais pour soi-
même ; aussi, la vanité convient-elle surtout à
la beauté frivole.

GOETHE

Tout est vain en nous, excepté le sincère aveu que nous faisons devant Dieu de nos vanités.

Bossuet

La vanité, c'est l'orgueil des autres.

Sacha Guitry

Le désir de paraître intelligent augmente les capacités d'une intelligence. Toute vanité stimule. Ceux qui en sont dépourvus demeurent en deçà d'eux-mêmes, laissent inexploitée une partie de leurs dons.

Émile Michel Cioran

Il n'y a pas de vanité intelligente.

Louis-Ferdinand Céline

C'est le fait d'un vaniteux que de grossir ses malheurs.

Émile Michel Cioran

Tout homme a le droit d'être vaniteux tant qu'il n'a pas réussi.

BENJAMIN DISRAELI

Préjugé, vanité, calcul, voilà ce qui gouverne le monde. Celui qui ne connaît pour règle de sa conduite que raison, vérité, sentiment, n'a presque rien de commun avec la société. C'est en lui-même qu'il doit chercher et trouver presque tout son bonheur.

CHAMFORT

La vanité nous fait faire plus de choses contre notre goût que la raison.

LA ROCHEFOUCAULD

C'est quelque chose de terrible pour un homme distingué que de voir un sot tirer vanité de ses rapports avec lui.

GOETHE

Ce qui ennuie les imbéciles, ce n'est pas qu'on soit vaniteux — c'est qu'on ait des motifs de l'être, car eux le seraient à notre place !

SACHA GUITRY

L'homme le plus sage n'est jamais suffisamment prévenu contre sa propre vanité.

GEORGES DOR

On parle peu quand la vanité ne fait pas parler.

LA ROCHEFOUCAULD

C'est presque toujours par vanité qu'on montre ses limites, en cherchant à les dépasser...

ANDRÉ GIDE

Un peu de vanité et un peu de volupté, voilà de quoi se compose la vie de la plupart des femmes et des hommes.

JOSEPH JOUBERT

Les hommes rougissent moins de leurs crimes que de leurs faiblesses et de leur vanité.

JEAN DE LA BRUYÈRE

Ce qui nous rend la vanité des autres insupportable, c'est qu'elle blesse la nôtre

LA ROCHEFOUCAULD

On se trompera rarement si l'on ramène les actions extrêmes à la vanité, les médiocres à l'habitude et les mesquines à la peur.

FRIEDRICH NIETZSCHE

Le vaniteux fait dépendre son propre bonheur de l'activité d'autrui ; le voluptueux, de ses propres sensations et l'homme intelligent, de ses propres actions.

MARC AURÈLE